Martina Clauß

Island in meiner Seele

ISENSEE VERLAG
OLDENBURG

Bibliografische Information Der Deutschen Bibliothek
Die Deutsche Bibliothek verzeichnet diese Publikation in der Deutschen Nationalbibliografie;
detaillierte bibliografische Daten sind im Internet über <http://dnb.ddb.de> abrufbar.

ISBN 978-3-89995-894-2

© 2012 Isensee Verlag, Haarenstraße 20, 26122 Oldenburg - Alle Rechte vorbehalten
Gedruckt bei Isensee in Oldenburg

Island

Gänsehaut überkommt mich,
wenn ich deinen Namen höre.
Sobald ich an dich denke,
packt mich wilde Sehnsucht und ich möchte zu dir eilen.

Bevor ich zu dir komme,
bin ich aufgeregt wie ein kleines Kind vorm Weihnachtsfest,
mein Herzschlag erhöht sich immens
und ich bin jetzt schon völlig verloren an dich.

Bei dir.
Ich lasse mich mit Leib und Seele auf dich ein.
Bei dir kann ich mich im vollsten Vertrauen treiben lassen.
Fühle mich verstanden, angenommen,
kann meine Sehnsucht stillen.
Ich atme deine raue Schönheit ein
und bin eins mir dir.
Möchte dich nicht mehr loslassen
und muss es doch.

Mit jeden Schritt - jedem Kilometer,
den ich mich von dir entferne,
wächst die Sehnsucht auf ein Wiedersehen mit dir!

Juli 2010
G. Martina Claus

Geht es dir nicht auch manchmal so?
Du hörst einen Ruf aus deinem Inneren, spürst etwas oder bekommst immer wieder Bilder durch „Zufall" in die Hände oder vor die Augen und deine Blicke können sich dem nicht mehr entziehen. Die Erinnerung lässt dich nicht mehr los, bis irgendwann die Zeit reif dafür ist, genau das Wirklichkeit werden zu lassen. Dann weißt du vielleicht immer noch nicht, warum, aber du spürst genau, wann der Zeitpunkt gekommen ist, zu handeln – dem Ruf aus dem Inneren zu folgen. In der Zwischenzeit betrachte ich das Wort Zufall genauer: es ist mir immer wieder etwas *zugefallen*, an dem ich nicht vorbeischauen konnte.
So kann es früher oder später geschehen, dass du zum Beispiel Sehnsucht nach einem fernen Land, einer Gegend, nach irgendetwas hast - ohne erklären zu können, warum das so ist? Es zieht uns etwas magisch an und wir wissen nicht, warum. Man kann es eine Zeit lang verdrängen, als Träumereien abtun, aber es meldet sich immer wieder, manchmal etwas schwächer und dann wieder ganz heftig.

Als die Zeit für mich reif war, meine Sehnsucht nicht mehr zu bändigen und meine Neugier und Erwartung groß genug, habe ich diesem Drängen aus meinem Inneren nachgegeben, meinen Rucksack gepackt, um meine Reise zu beginnen – eine Reise in ein scheinbar fremdes Land, eine etwas andere Kultur und nicht zuletzt, eine Reise zu mir selbst.

-

Nachdem ich es mir auf meinem schönen Fensterplatz, selbstverständlich in Fahrtrichtung, bequem gemacht habe und der Zug ruhig und gleichmäßig in Richtung Düsseldorf rollt, ist die Zeit des Wartens auf diese Reise schnell vergessen. Ein freundlicher junger Mann hievt meinen prall gefüllten Rucksack auf den Gepäckträger, der sich über unseren Köpfen befindet, weil dieser den Durchgang für die Passagiere etwas behindert hat. Dankbar lächele ich ihn an: „Danke. Ohne Ihre Hilfe hätte ich das ganz sicher nicht geschafft!" Er lächelt fast etwas verlegen, aber glücklich zurück: „Das ist doch selbstverständlich. Habe ich wirklich gern gemacht."
Zufrieden lehne ich mich jetzt auf meinem Sitz zurück, schaue aus dem Fenster und nehme wahr, wie die Felder und Ortschaften an mir vorbeiziehen. Da ich diese Eindrücke und rasenden Bilder kaum länger als ein paar Sekunden mit den Augen festhalten kann, verflüchtigt sich mein Blick in die Ferne und der gegenwärtige Augenblick verschwimmt. Seit meiner Jugend wünsche ich mir sehnsüchtig, in den Norden und zwar nach Island zu reisen. Warum das so ist, kann ich nicht genau erklären. Ich weiß nur, dass ich als Teenager ein isländisches Fotobuch in den Händen hielt und als ich mir die Bilder ansah, begann diese Sehnsucht. Das ewige Eis, die schroffen Felsen, die heißen Quellen und die herrlichen Wasserfälle Islands ziehen mich seitdem magisch an. Und wenn ich ganz ehrlich bin, muss ich sagen, dass es auch das Mystische in Island ist, was mich fasziniert. Die Erzählungen, die von Feen und Trollen berichten, die heidnischen Bräuche und die sagenumwobene Geschichte Islands haben mich immer neugieriger auf diese nord-westeuropäische, erdzeitgeschichtlich betrachtet, recht junge Vulkaninsel gemacht. Die meisten Isländer glauben nicht nur an Feen und andere Naturgeister, nein, sie integrieren sie ganz selbstverständlich in ihren Alltag, was man unter anderem sehr deutlich an der Existenz der Feenbeauftragten Erla Stefánsdóttir, die in Kontakt zu den Naturgeistern steht und mit ihnen kommuniziert, bevor man mit dem Bau von

Straßen und Gebäuden beginnt, sehen kann. Die Feenbeauftragte sorgt dafür, dass kein Bauwerk auf oder über einem Wohnort von Naturgeistern entsteht. Diese dürfen nicht gestört oder erzürnt werden. So richtig kann ich mir das zwar nicht vorstellen, aber trotzdem habe ich das Gefühl, dass es da etwas gibt, was ich mit nüchtern logischem Nachdenken nicht erfassen kann und mich, wie schon so viele Menschen vor mir, verzaubert und in seinen Bann gezogen hat.

Meine Familie und meine Freunde können meine Leidenschaft zu Island nicht teilen und so führten uns gemeinsame Urlaubsreisen in den vergangenen Jahren immer wieder in den sonnigen Süden und manchmal auch in die Berge Österreichs und der Schweiz. Das änderte sich grundlegend, als ich vor einem halben Jahr am Neujahrsmorgen mit meiner Freundin Lysandra überlegte, was wir uns für das neue Jahr 2007 vornehmen wollen. Nachdem ich das eine oder andere aufzählte, sah sie mich an und stellte die alles ins Rollen bringende Frage: „Warum fährst du eigentlich nicht allein in dein eisiges Traumland oder schließt dich einer kleinen Reisegruppe an? Du bist in der Zwischenzeit 47 Jahre alt, deine Kinder sind fast erwachsen. Wie lange soll dein Island noch warten, bis du endlich deinen Rucksack packst und dorthin reist, wo du in Gedanken und in deinen Träumen schon seit Jahren bist?" Ich wollte gerade mit einem „Ja, aber …" ansetzen zu antworten, als Lysandra dieses Vorhaben vereitelte und sagte: „Ich weiß, dass du glaubst, nicht ohne deine beiden Töchter verreisen zu können. Aber sie sind fast erwachsen und werden während dieser Zeit etwas anderes unternehmen und ich werde statt deiner für sie da sein." Mir standen die Tränen in den Augen und ich fiel Lysandra um den Hals. Natürlich kamen mir jetzt noch einige Argumente in den Sinn, warum es vielleicht doch nicht klappen könnte, aber die Aussicht darauf, im nächsten Sommer nach Island zu reisen, hatte sich wie ein Virus bei mir festgesetzt und ließ mich nicht mehr los. Am gleichen Abend noch setzte ich mich an meinen Computer und googelte wild darauf los, in der Hoffnung, einen geeigneten Reiseanbieter zu finden und ganz viele Informationen zu sammeln, die auf so einer Reise wichtig und hilfreich sind. Als ich die gängigen Preise für eine 14-tägige Reise nach Island sah, bekam ich erst einmal einen Schreck und suchte weiter nach Alternativen bis ich auf verschiedene Islandforen traf. Ein Forum fand ich besonders interessant und ich las wissbegierig die Einträge der letzten Tage durch. Es ist unglaublich, was man hier alles erfahren kann, z.B. was man beachten muss, wenn man ein Islandpferd nach Deutschland mitnehmen möchte, wie und wo man in Deutschland die isländische Sprache erlernen kann und wo sich Islandfreunde zu Stammtischen verabreden und vieles mehr.
„Guten Tag. Die Fahrkarten bitte!" Ich war so tief in meine Gedanken versunken, so dass ich das Herankommen des Zugbegleiters nicht bemerkt hatte. Nach kurzem Suchen halte ich ihm mein Onlineticket einschließlich Bahncard hin, so dass er gleich danach zufrieden weitergeht und ich wieder in meine Gedankenwelt abtauchen kann. Nachdem ich eine Weile in dem speziellen Islandforum gestöbert hatte, fand ich einen interessanten Eintrag von Islandbine, die eine Reisebegleitung für den kommenden Sommer sucht. „Hm, das könnte doch etwas für mich sein?!" Und so meldete ich mich im Forum mit dem Nicknamen „Islandgudrun" an, um auf den Eintrag antworten zu können. Da Islandbine, die in Wirklichkeit Sabine heißt, am gleichen Tag noch antwortete, kam es zu einem regen Austausch und wir verabredeten uns kurz entschlossen zu einem Telefonat. „Hi Gudrun, ich begrüße dich ganz herzlich im Club der Islandfans."
„Hallo Sabine, danke vielmals. Ich habe mich total gefreut, dass du dich so schnell gemeldet hast."

„Ja, als Erstes muss ich dir erklären, dass ich momentan nur so halb eine Reisebegleitung suche."
Enttäuschung machte sich in meinem Bauch breit. „Schade, aber wieso nur halb?" -
„Na ja, ich war jetzt schon fünf Mal in Island und habe davon zwei Mal die gleiche Tour unternommen, weil sie mir so unbeschreiblich gut gefallen hat. Das erste Mal war ich mit dem alternativen Reiseunternehmen „Lichtschein" unterwegs. Das ist ein recht günstiges Reisen in kleinen Gruppen bis max. 10 Leute, einfache Unterkünfte, gemeinsame Essenszubereitung usw. Ja, du hast eine kleine Gruppe, kannst aber auch jederzeit auf eigene Faust los. Da ich in diesem Jahr ziemlich knapp bei Kasse bin, habe ich mich jetzt als Tourguide bei „Lichtschein" beworben. D.h. ich suche nur für den Fall, dass ich nicht angenommen werde, eine Reisebegleitung. Aber keine Sorge, ich bekomme innerhalb der nächsten Wochen Bescheid und dann können wir weiter sehen."
„Weißt du was, dieses „Lichtschein" - Reiseunternehmen interessiert mich sehr. Kannst du mir bitte einen Link oder ein paar Kontaktdaten per Mail zusenden? Vielleicht ist das für meine erste Islandtour ja genau das Richtige! Und wenn ich ganz großes Glück habe, wirst du dann noch obendrein mein Tourguide!"
„Heh, du bist ja eine ganz Spontane. Da fällt mir noch etwas ein. Wir, d.h. einige Islandfans aus dem Forum und ein paar weitere aus der Gegend, treffen sich regelmäßig hier ganz in der Nähe zum Stammtisch. Hättest du nicht Lust, dabei zu sein?"
„Das wird ja immer besser. Natürlich möchte ich das!"
„Ja, dann komm doch nächsten Samstag nach Düsseldorf. Ich sende dir die Wegbeschreibung und alles, was du wissen musst, einfach zu."
„Jetzt bin ich aber sprachlos und muss die Neuigkeiten erst einmal verdauen. Hab ganz vielen Dank für alles. Wir telefonieren wieder und sehen uns mit ziemlich großer Wahrscheinlichkeit am nächsten Samstag am Rhein. Tschüss."
„Ich freue mich schon darauf, dich persönlich kennen zu lernen. Bis denn und tschüß."
„Warme und kalte Getränke, Snacks und Kleinigkeiten" werden mir gerade von einem netten Bahnangestellten angeboten. Dankend nehme ich eine Tasse Kaffee und lächele verträumt in die dunkle, warme, aromatisch riechende Flüssigkeit hinein.
„Hm, der Kaffee riecht nicht nur gut, er schmeckt auch. Danke an die netten Mitarbeiter der Bahn!"

So kam es, dass ich vor ein paar Monaten fast die gleiche Bahnverbindung zum Islandstammtisch genommen habe. Es war ein total schöner, informativer und unterhaltsamer Nachmittag in einem urigen Ambiente bei Guinnessbier und Kerzenlicht. Von den bereits anwesenden Islandfans wurde ich sehr herzlich begrüßt, besonders natürlich von Sabine, die mich sofort in ihre Arme geschlossen hat. Sie plauderte gleich wieder munter darauf los: „Das ist ja echt klasse, dass du extra soweit angereist bist, um uns kennen zu lernen! Ich bin eine der Mitbegründerinnen dieses Stammtisches und wir treffen uns immerhin schon seit vier Jahren hier regelmäßig." Sabine ist eine freundliche Frau in meinem Alter. Dunkle, fast schwarze, lange Locken rahmen ihr freundliches Gesicht, das eine sehr intensive Ausstrahlung hat. Man kann sich ihrem Charme kaum entziehen.
Neben Sabine, die selbstverständlich auch ihren organisatorischen Pflichten als „Stammtischälteste" nachkommen musste, habe ich mehrere wirklich nette Menschen kennengelernt und konnte eine Menge an Informationsmaterial, ja selbst eine CD zum Isländisch lernen mit auf meinen Heimweg nehmen. Als ich mich auf

der Rückfahrt befand, war ich sehr glücklich und zufrieden, dass ich diesen Samstag genauso und nicht anders verbracht hatte.

Das liegt nun schon einige Monate zurück. In der Zwischenzeit haben Sabine und ich hin und wieder telefoniert, gechatet oder gemailt, so dass ich mich ganz intensiv auf meine erste Islandreise vorbereiten konnte und wir durch intensive Gespräche eine tiefe Vertrautheit gewonnen haben. Dadurch hatte ich das Gefühl, nicht ganz ins kalte Wasser springen zu müssen, wenn ich als Single an so einer Reise teilnehme. Kurz nach meinem Stammtischbesuch hatte ich die Reise bei „Lichtschein" gebucht und war nun ganz gespannt, wer mein Tourguide wird. Anfang Mai kam dann die Überraschungsnachricht von Sabine: „Juchhu, sie haben mich genommen! Ist das nicht toll!"

„Wir beide hatten es uns so sehr gewünscht; ich glaube, es konnte gar nicht anders kommen!"

Die Sommersonnenwende war erst vor ein paar Tagen. Eine Zeit, in der es im hohen Norden fast überhaupt nicht dunkel wird. Ich stelle es mir faszinierend vor, einmal die Mittsommernacht in Island zu verbringen. Vielleicht erlebe ich dieses Naturschauspiel ja bei einer meiner nächsten Islandreisen!? „Gudrun plant schon weit voraus in die Zukunft" geht es mir durch den Sinn und ich muss lächeln.

Jetzt sind es nur noch wenige Kilometer bis zum Düsseldorfer Flughafen und ich packe die wenigen Dinge, die ich um mich verteilt habe, wieder ein und bewege mich langsam in Richtung Ausgang. Ich bin sehr dankbar für diese geruhsame Anreise, denn heute Nacht wird es wenig bis keinen Schlaf geben. Wir werden in den Abend hinein fliegen und landen erst nach Mitternacht in Reykjavík. Meine Freude und Aufregung ist riesig groß und ich bin sehr gespannt darauf, wer sich alles am Schalter der Fluggesellschaft einfindet, denn dort hat Sabine den Treffpunkt für die Teilnehmer unserer kleinen Reisegruppe vereinbart.

Unser Zug fährt mit genau einer Stunde Verspätung in den Bahnhof am Flughafen ein, mit der er in Bremen losgefahren ist. Da ich reichlich Zeit für diese Anreise eingeplant habe, verbleibt mir nun immerhin noch eine halbe Stunde bis zum Treffen mit den Anderen und so gönne ich mir im Flughafengebäude ein leckeres Schinkenbaguette und einen Cappuccino. Als ich am Schalter 254 ankomme, kann ich Sabine noch nicht entdecken und so nehme ich auf der Sitzgruppe dem Schalter vis a vis Platz. Die Uhr zeigt jetzt etwas mehr als zwei Stunden vor dem Abflug an und ich kann leider noch keine Person entdecken, die meiner Meinung nach in unsere Gruppe passt und so macht sich eine kleine Unruhe in mir breit. Sofort überprüfe ich nochmals Zeitpunkt und –ort, aber es scheint alles richtig zu sein. In solchen Momenten wünsche ich mir die südländische Gelassenheit, mit einem *„mañana mañana"* lässig und entspannt abzuwarten und alles auf mich zukommen zu lassen. Glücklicherweise nähert sich in der Zwischenzeit mein Tourguide Sabine und ich bin beruhigt, dass jetzt alles seinen Lauf nimmt. Wir begrüßen uns mit einer herzhaften Umarmung und Sabine schaut mich an: „Na, bist du aufgeregt?"

„Ja, das kann ich im Moment nicht abstreiten, aber wenn wir erst in der Luft sind, wird es besser!"

„Schau ´mal, dort kommen gleich drei Mädels mit Rucksack auf uns zu." Nun begrüße ich Pia, Sandra und Conny aus Frankfurt. Die Drei berichten, dass sie sich schon seit ein paar Jahren kennen und bereits einige Urlaubsreisen gemeinsam unternommen haben. Jetzt reicht mir Andrea aus Köln, die Jüngste der Teilnehmerinnen die Hand: „Hallo, sag einfach Andy zu mir."

„Ja, gern Andy. Ich bin Gudrun." Fast gleichzeitig, aber aus zwei verschiedenen Richtungen treffen Kerstin I und Kerstin II ein. Kerstin I berichtet, dass sie Grundschullehrerin in Lüneburg ist und Kerstin II ist Grundschullehrerin in Münster, aber sie kennen sich bisher nicht. Ich amüsiere mich darüber und denke, dass das ein lustiger „Zufall" ist.

„Wir gehen jetzt zum Einchecken an den Schalter, denn bis auf eine Teilnehmerin sind wir vollständig. Renate fliegt von München aus direkt nach Reykjavík. Wir treffen sie dann am Zielflughafen. Das passt mit der Ankunftszeit ganz gut zusammen. – Wir checken übrigens als Gruppe gemeinsam ein. So können etwaige Über- oder Untergewichte gut ausgeglichen werden."

„Das ist super", sagt Andy „Ich glaube, mein Gepäck hat etwas mehr als 20kg!" So stellt also die ganze Gruppe nach und nach das Gepäck aufs Band und siehe da, zusammen liegen wir durchaus im Limit!

Wir sind eine reine Frauengruppe und ich hoffe, dass das eine gute Voraussetzung für eine unterhaltsame interessante und harmonische Urlaubsreise ist. Mit Sabine und Renate sind wir neun Menschen, die sich auf Island freuen. Wir werden vor Ort in der Gruppe oder auch individuell Neues entdecken und erfahren. Was wollen wir mehr!

Andy erweist sich als sehr umsichtig. Sie hält mehrere transparente Plastiktüten für uns bzw. für unsere Kosmetik aus dem Handgepäck bereit, da ja noch immer die Sicherheitsbestimmungen für das Mitführen von Flüssigkeiten einschließlich Cremes etc. gültig sind. Dankbar verstauen wir die Kleinigkeiten und können somit ungehindert die Sicherheitskontrolle vor dem Gate passieren.

Andy habe ich sofort ins Herz geschlossen. Sie ist ein direkter offener Mensch. Im Flugzeug sitzen wir nebeneinander und ich erfahre, dass sie Wahl-Kölnerin ist und dort mit ihren knapp 30 Lenzen bereits eine Bankfiliale leitet. Unabhängig von ihrer beruflichen Karriere hat sie, wie einige von uns weiblichen Wesen, ein wenig Liebeskummer. Also wird sie in die Arme genommen und schon ist die Last nicht mehr ganz so schwer wie vorher.

Nach einer Weile schließe ich meine Augen und anstatt ein wenig zu entspannen, meldet sich wie immer, wenn ich fliege, meine innere Stimme, um mir den damit verbundenen Widerspruch zu präsentieren. Auf der einen Seite ist es gigantisch, binnen weniger Stunden bequem tausende von Kilometer zu überwinden, von einem zum einem anderen Erdteil zu reisen, aber was entgeht mir da unten alles? Was nehme ich auf meiner Reise überhaupt nicht wahr? Was ist mit meiner Verbindung zur Erde, wenn ich kilometerweit über der Erdoberfläche durch den Himmel düse? Und dann noch die traurigen Gedanken, dass ich mich dadurch mitschuldig an der Verschmutzung der Luft und der Erde mache. Unsere Zeit wird von Jahr zu Jahr, von Tag zu Tag immer schnelllebiger, so dass auch ich mich diesen Prozessen nicht ganz entziehen kann. Als eine in Deutschland lebende berufstätige Frau kann ich im Normalfall nicht länger als drei Wochen am Stück Urlaub nehmen, wenn überhaupt! Und wenn ich als Alternative eine Anreise mit dem Schiff wähle, bin ich mehrere Tage unterwegs. Mir bleibt im Moment nichts anderes übrig, als mich für mein Verhalten zu entschuldigen und zu hoffen, dass die Verletzungen nicht irreparable sind.

Der Flug verläuft ruhig und um so weiter wir nach Nord-Westen fliegen, verdichten sich unter uns die Wolken, um nach und nach eine geschlossene Wolkendecke zu bilden, so dass wir leider fast nichts von der isländischen Küste im Anflug auf den Flughafen in Keflavík sehen können. Für mich ist es sehr beeindruckend, zu sehen, dass der Himmel kurz nach Mitternacht immer noch recht hell erscheint. Es ist nicht so eine leuchtende Helligkeit wie tagsüber oder in der Mittagszeit, aber eine richtige Nacht, so wie ich sie aus Mittel-Europa kenne, ist das ganz bestimmt nicht. Wenn der Himmel frei und nicht so stark mit Wolken verhangen wäre, dann könnte man sicherlich noch mehr Licht wahrnehmen. Als das Flugzeug kurz vor der Landung ist,

durchströmt mich eine warme Woge des Glücks. Endlich habe ich es geschafft, dem Ruf nach Island zu folgen und bin so gespannt, was mich hier erwartet. Einen Moment lang überlege ich in meinem Überschwang, ob ich nach dem Ausstieg die isländische Erde küsse, aber dann traue ich mich doch nicht, weil ich nicht möchte, dass die Anderen mich für verrückt halten und außerdem ist hier ja nur die Landebahn aus Beton. Ich werde Island später auf meine Weise begrüßen.
Nach einer sanften Landung stehen wir nun etwas müde am Fließband und halten Ausschau nach unserem Gepäck. Das Flughafengebäude ist verhältnismäßig klein, aber modern und einladend gestaltet. Es dauert nur ein paar Minuten und schon nehmen wir unser Reisegepäck unversehrt in Empfang.
Nun warten wir noch auf die Ankunft von Renate aus München. Um die Zeit gut zu nutzen, besuchen wir den extra für die spät ankommenden Fluggäste geöffneten Shop. Sabine zeigt uns dort ein paar isländische Spezialitäten und weist uns noch einmal darauf hin, dass Alkohol in Island nur in speziellen Shops zu erhöhten Preisen erworben werden kann. „Wer in den nächsten Wochen etwas Wein trinken will oder einen Schluck Rum im Tee zum Aufwärmen braucht, sollte jetzt hier in diesem Shop einkaufen. Günstiger wird es nicht mehr!" Da ich etwas typisch Isländisches erwerben möchte, entscheide ich mich für eine kleine Flasche Brennivín. Auf der Flasche steht lustigerweise „THE ORIGINAL ICELANDIC SCHNAPPS - 37,5%. vol." geschrieben. Amüsiert hebe ich die Flasche hoch und halte nach Andy Ausschau, um sie ihr zu zeigen. Dabei drehe ich mich um und denke nicht darüber nach, dass ich diesen großen Rucksack auf dem Rücken trage. Ebenso wenig hatte ich bemerkt, dass sich hinter mir eine Person mit einer Flasche Brennivín in der Hand aufhält, aber da war es schon geschehen. Dem verdutzten Mann fiel die Flasche aus der Hand, als mein Rucksack ihn voll erwischte. Das war mir sehr unangenehm und ich entschuldigte mich vielmals in englischer Sprache bei ihm. Ich hatte zwar ein paar Broken Isländisch gelernt, aber für eine halbwegs vernünftige Konversation war das nicht ausreichend. Er lächelte nur und zeigte auf die am Boden liegende Flasche, die keinen Schaden genommen hatte. Er gab sie mir in die Hand und seitdem weiß ich, dass es auch 500ml – Flaschen Brennivín aus qualitativ hochwertigem Plastik gibt. So hatte ich Glück im Unglück bei meiner ersten Begegnung mit einem Isländer in Island.
Dieser kleine Zwischenfall ist von den Anderen unbemerkt geblieben und ich behalte ihn auch lieber für mich.
In der Zwischenzeit hat sich Renate eingefunden und somit trottet die müde Reisegruppe aus dem Flughafengebäude ins Freie. Dort erwartet uns Marcel, ein Fahrer von unserem Reiseunternehmen „Lichtschein", der fünf Teilnehmer von uns mit einem VW-Bus zur ersten Unterkunft nach Vík í Mýrdal an der Südküste befördert. Die Übrigen steigen zusammen mit Sabine und mir in einen nagelneuen HONDA, der uns in Vík in den nächsten drei Tagen für die ersten Ausflüge zur Verfügung steht. Sabine fühlt sich ausgeruht und fit genug dafür, jetzt ca. zweihundert Kilometer bis nach Vík zu fahren. Gleich nachdem das Gepäck verstaut worden ist, geht es los. Die ersten Schnarchgeräusche von der Rückbank sind schon nach wenigen Minuten zu vernehmen. Sabine legt eine CD mit isländischer Musik ein und so düsen wir dahin. Um an der Süd-Küste entlang fahren zu können, bewegt man sich erst einmal in Richtung Reykjavík, da sich der Flughafen Keflavík so ziemlich am Ende der Halbinsel Reykjanes befindet. Es wird eine kleine Pause am Campingplatz in Reykjavík eingelegt. Dort ist eine Station unseres Reiseunternehmens „Lichtschein" und Sabine hat den Auftrag, dort noch etwas abzuholen. Die anderen Passagiere im Auto schlafen in der Zwischenzeit so fest, dass sie den kleinen Stopover gar nicht bemerken. Nun geht es weiter. Natürlich bin ich auch sehr müde,

aber ich halte die Augen mit großer Mühe auf; erstens weil ich als Beifahrer Sabine wach halten möchte und zweitens, damit ich so viel wie möglich von Island sehen kann. Nachdem wir fast zwei Stunden mit dem silberfarbenen Honda unterwegs waren, fährt Sabine erneut ab. Sie verkündet unserer schläfrigen Gruppe, dass es bereits jetzt das erste Highlight zu sehen gibt und zwar den Selljalandfoss, ein wunderschöner Wasserfall, den man unter Umständen sogar umrunden kann, ohne all zu nass zu werden. Beeindruckt stehen wir vor diesem ersten Naturschauspiel, bestaunen die herabstürzenden Wassermassen und bedauern es, dass es durch den von Wolken verhangenen Himmel und die noch recht frühe Tageszeit nicht möglich ist, qualitativ anspruchsvolle Fotos zu schießen. Da wir ziemlich müde sind, hat irgendwie auch keiner von uns die richtige Muse dazu, um den Wasserfall zu laufen und so geht es dann doch recht zügig weiter in Richtung Vík.
Vík í Mýrdal (auf Deutsch: Bucht am sumpfigen Tal) ist der südlichste Ort Islands. Er liegt mitten in einer traumhaft schönen Landschaft unterhalb des Mýrdalsjökull, eines riesigen Gletschers, direkt am Meer. Unter diesem Gletscher, der eine Fläche von 595 m² einnimmt, schlummert einer der aktivsten und gewaltigsten Vulkane Islands, die Katla. Die Katla ist der zweitgrößte Vulkan Islands mit einer enorm explosiven Kraft. Die Isländer sagen, dass die Katla mehr als überfällig ist, da sie in den vergangenen Jahrhunderten stets zwei Mal, also etwa alle 40 bis 80 Jahre, ausbrach und bis jetzt ist außer einem gefährlichen Grollen seit 1918 nichts mehr geschehen.[1]
In Vík wird regelmäßig für den Ernstfall die Evakuierung von Mensch und Tier geübt. Der Ort und seine Bewohner hätten kaum eine Chance, den Eis- und Wassermassen zu entkommen, die bei einem Vulkanausbruch in Richtung Meer, Vík überrollen könnten.

Gegen vier Uhr morgens kommen wir auf dem Campingplatz Tjaldsvæðið in Vík an. Alles ist total ruhig. Wir finden drei rotbraune Holzhütten, die zu „Lichtschein" gehören, vor. In jeder Hütte stehen zwei Doppelstockbetten und ein einzelnes. Eine der Hütten wird zur Aufbewahrung von Vorräten, Essen, Geschirr und als Unterkunft für den Tourguide genutzt. Völlig erschöpft und todmüde verrichten wir nur die nötigsten Dinge, um schnell zu einem Schlafplatz zu gelangen – einfach nur Hinlegen, Augen zu und schon ist bis auf ein paar Schnarch- und Röchellaute nichts mehr zu hören.

---

[1] Vík í Myrdal; Übersichtskarte – Service 2006 – 2007

Island – in meiner Seele

Gegen neun Uhr isländischer Zeit (in Deutschland ist es entsprechend Sommerzeit elf Uhr) werden wir schon wieder von Sabine geweckt. Nicht besonders ausgeschlafen und daher etwas mürrisch kämpfen wir uns aus den Schlafsäcken heraus. Schnell erhellen sich unsere Gesichtszüge, denn Sabine überrascht uns mit einem leckeren Willkommensfrühstück, das wir in einem Gemeinschaftsraum, der sich im gleichen Gebäude wie die sanitären Einrichtungen befindet, zu uns nehmen. Besonders lange kann sie nicht geschlafen haben, denn sie muss schon in der Frühe zum Einkaufen gefahren sein, um uns das zu ermöglichen. „Danke!" Frischer Kaffee, Tee, Heidelbeermarmelade, isländisches Toastbrot, ein wenig Wurst und ganz leckeren isländischen Quark bzw. Joghurt „Skyr" und einiges mehr steht jetzt auf unserem Frühstückstisch zum Verzehr für uns bereit. Nun kann der Tag richtig beginnen. „Wie macht sie das nur, dass sie so viel Energie hat, obwohl sie kaum schlafen konnte!" Als ich sie danach frage, lächelt Sabine nur und sagt: „Das erzähle ich dir bei Gelegenheit."
„Wann auch immer das ist", dachte ich im Anschluss daran.

Angenehm gestärkt, nehme ich mir ein paar Minuten Zeit nur für mich allein, um dieses wunderbare Land zu begrüßen. Ich laufe ein paar Schritte von den Anderen weg, atme die frische Luft, die vom Meer herweht, tief ein und empfinde ein intensives Glücksgefühl, so dass mir fast die Tränen in die Augen treten. „Danke, dass ich hier sein darf. Ich bin deinem Ruf gefolgt Island und bin sehr gespannt, was ich in den nächsten Tagen und Stunden erleben und erfahren werde."

Wir sind zwar noch keine 24 Stunden gemeinsam unterwegs, also ist es noch etwas voreilig, um Prognosen abzugeben, aber irgendwie macht es auf mich den Eindruck, als wenn wir alle relativ harmonisch miteinander umgehen werden. Die mitreisenden Frauen sind im Alter von 29 bis 33 Jahren, mit Ausnahme von Sabine und mir. Da wir beide äußerlich als auch im Kopf jung geblieben sind, fällt das nicht weiter ins Gewicht. Jeder ist auf seine Art nett und kommunikativ, ohne dabei gleich die ganzen Alltagssorgen aus dem Gepäck zu angeln. Im Großen und Ganzen haben wir diese, zumindest vorerst, in Deutschland zurück gelassen und das fühlt sich sehr gut an.

Es gibt sogar Freiwillige, die sich gleich zum Geschirr spülen melden. – Toll!

Nach dem Frühstück, starten die Ersten von uns mit dem Honda auf Erkundungstour in die nähere Umgebung. Neben Pia, Conny, Renate und Sabine ergattere ich noch den letzten Platz im Auto und los geht's. Wir umfahren den Reynisfjall, einen Berg, der bis an die Küste reicht und den knapp Dreihundert-Seelen-Ort Vík vom Westen her einbettet. Als Erstes finden wir unterwegs eine kleine isländische Kirche, die Reyniskirkja vor. Dort müssen wir einen großen Riegel aus Metall öffnen und dann zwei rot gestrichene Holztüren nach Außen aufklappen, die die Kirche vor Stürmen und Unwettern schützen. Danach finden wir Einlass in den heiligen Ort. Der Innenraum ist hell und freundlich gestaltet, neben einem kleinen Altar, der Orgel und dem Gestühl hat die Kirche eine wunderschöne blaue Decke. Es ist gerade so, als wenn man in den Himmel schaut, der vom Sonnenlicht verzaubert, azurblau strahlt.

Nach diesem kleinen Zwischenstopp geht es weiter bis zum Kap Garðar. Die Wolken hängen ziemlich tief am Himmel und machen den Eindruck, als wollten sie in das vor uns tosende Meer eintauchen. Wir laufen über den schwarzen Lavastrand am Meer entlang. Über unseren Köpfen fliegen Papageientaucher, die unermüdlich Sandaale im Schnabel zu ihrem Nachwuchs, der in den Felsenmauern hungrig wartet, transportieren. Sie sehen drollig aus, haben Köpfe, wie kleine Harlekine mit einem großen orangefarbenen Papageienschnabel in der Mitte, tragen einen schwarzen Mantel, unter dem ein weißes Brustkleid hervorlugt und fliegen mit ihren etwas kurz geratenen Flügeln mit einem lustigen Zick-Zack durch die Luft. Ich sehe den kleinen Luftakrobaten fasziniert zu und mir wird es trotz des kalten Windes richtig warm ums Herz.
Sabine hat aufgeholt und läuft jetzt direkt neben mir: „Weißt du eigentlich, dass die Puffins oder Papageientaucher eine Delikatesse auf dem Speiseplan der Isländer sind?"
Erschrocken sehe ich auf, weniger der Tatsache wegen, dass die Isländer Puffins essen, als mehr, weil Sabine mich so ganz ohne Vorwarnung aus meinen Träumereien herausgeholt hat und antworte dann etwas heftiger, als beabsichtigt: „So wie ich das im Reiseführer gelesen habe, stehen die Puffins oder Lundis, wie die Einheimischen sie nennen, heutzutage hauptsächlich auf dem Speiseplan einiger Hotels und Restaurants als Spezialitäten für Touristen, die auf etwas Exotisches nicht verzichten können."
„In der Zwischenzeit ist das mancherorts wirklich so. Ich werde es mir auf dieser Reise auf keinen Fall entgehen lassen, einen Puffin zu probieren. – Es gibt übrigens noch mehr kulinarische Spezialitäten in Island, wie z.B. Svið; das ist gegrillter bzw. gesengter Schafskopf, bei dem der Verzehr seiner Augen ein besonderes Highlight ist. – Um erst einmal nur die bekanntesten Spezialitäten aufzuzählen, möchte ich noch etwas ganz Spezielles erwähnen: Hákarl."
Da mein Interesse für die Besonderheiten der isländischen Küche geweckt ist, reagiere ich wieder etwas freundlicher: „Ja und was ist Haukartl (ausgesprochen hört sich das Wort so ähnlich an)?"
Sabine grinst in sich hinein: „Damit will ich euch in den nächsten Tagen überraschen. Also behalte es bitte vorerst für dich, wenn ich es dir jetzt erzähle."
„Okay, ich werde dir deine Überraschung nicht verderben."
Sabine holt tief Luft und fährt mit Ihrer Erklärung fort: „Hin und wieder fangen die Isländer Grönlandhai oder auch Eishai genannt. Das Fleisch dieses Tieres ist sehr stark ammoniakhaltig, also in diesem Zustand für uns erst einmal ungenießbar. Nachdem der Hai ausgenommen, gewaschen und entgrätet worden ist, wird er zur

Fermentierung in Holzkisten gelagert, früher hat man ihn einfach in der Erde vergraben und anschließend über mehrere Wochen in offenen Holzhütten zum Trocknen aufgehängt, damit das Ammoniak verdunstet und das Fleisch halt- und genießbar wird. Nach dieser Prozedur wird er in kleine Stücke geschnitten und mit einem Gläschen Brennivín verspeist. Das Fleisch schmeckt dann immer noch sehr gewöhnungsbedürftig und ist auch nicht jedermanns Sache, aber es ist mit Sicherheit sehr isländisch." Ich finde Sabines Ausführungen sehr interessant und nehme mir vor, auf jeden Fall einmal von diesem Hákarl zu kosten.

Während unserer Unterhaltung, sind wir langsamen Schrittes über den weitläufigen Strand Reynisfjara auf die eindrucksvollen Basaltfelsen mit der Höhle Hálsanefs Hellir zugelaufen. Fasziniert bestaune ich die riesigen Steinsäulen, die teilweise fächerförmig oder gar wie Pfeifen einer Kirchenorgel in die Strandhöhle münden. Welch genialer Baumeister die Natur doch ist!

Vor den Basaltfelsen stehend, bewundern wir die aus dem Dunst der schäumenden See hervorragenden versteinerten Trolle, Reynisdrangar. Der Sage nach handelt es sich um zwei riesige Trolle, die einen Dreimaster an Land ziehen wollten und dabei vom beginnenden Tageslicht überrascht und infolge dessen versteinert wurden. Sie erreichen eine Höhe von bis zu 66 Metern und sind gewaltig anzusehen.[2] Jetzt, wo ich unmittelbar vor ihnen stehe, komme ich mir doch recht klein und zart im Vergleich zu diesen Giganten vor. Einen wunderbaren Anblick bieten sie auch direkt vom herrlichen Strand aus in Vík.

---

[2] Vík í Myrdal; Übersichtskarte – Service 2006 – 2007

Island – in meiner Seele

Das tosende Meer peitscht immer wieder kraftvoll, große schäumende Wellen in Richtung Land, die sich eindrucksvoll an den Felsen brechen. Die vom Wasser über die Jahrhunderte glatt geschliffenen grauen und schwarzen Steine am Strand, die in der Zwischenzeit wunderbar als Handschmeichler geeignet sind, werden immer wieder von den Wellen überspült und ein sanfter Glanz bleibt auf ihrer Oberfläche zurück und manchmal auch ein kleiner Sandaal, wenn sich das Wasser wieder zurückzieht.

Island – in meiner Seele

Nach unserem ersten direkten Kontakt mit dem Nordatlantik und den beschriebenen Naturschönheiten steigen wir wieder ins Auto und Sabine fährt mit uns zum Kap Dyrhólaey.

Schon kurze Zeit später befinden wir uns bei einem kleinen Zwischenstopp auf einem erloschenen Lavafeld, auf dem ganz interessante, ja beinahe bizarre Gebilde entstanden sind. Ich bin schon wieder vollkommen überwältigt von den Formen und Farben, die die Natur an dieser Stelle geschaffen hat, nehme Platz auf einem sitzähnlich geformten Stein und genieße den Augenblick. Nachdem ich diese Steingebilde vulkanischen Ursprungs eine Weile lang betrachtet habe, fällt es mir leicht, Gesichter von Naturwesen wahrzunehmen; große und kleine, zum Teil elfengleiche Wesen schauen mir neugierig entgegen. Ich lächle etwas verklärt vor mich hin und komme mir vor, wie in einer Zauberwelt. Ich habe den Eindruck, mich in einer Siedlung zu befinden, in der Feen und Trolle zu Hause sind.

Kurze Zeit später sind wir auf dem Parkplatz am Kap Dyrhólaey angekommen. Die Anzahl der Autos macht deutlich, dass wir hier keine Einsamkeit vorfinden. Geografisch gesehen ist das der südlichste Punkt Islands. Seinen Namen hat das Kap durch den hier vorhandenen riesig großen Torbogenfelsen erhalten, der weit bis in das Meer hineinreicht.

Island – in meiner Seele

Zuerst klettern wir hinunter zum Strand. Dort angekommen, bestaunen wir fasziniert die Felsen von allen Seiten, die verschiedenen Gesteinsschichten und –farben und natürlich die sich immer wieder brechenden kraftvollen Wellen, die uns ein unvergessliches Schauspiel bieten. Zur Krönung dessen, bahnt sich die Sonne mit ein paar intensiven Strahlen ihren Weg durch den dicken Wolkenteppich und verzaubert die Wasseroberfläche mit einem gleißenden Silberschein.

Das ist ein Moment, in dem ich wie angewurzelt auf der Stelle verharre, mich verschmolzen mit den Elementen fühle und das Sein und die Verbundenheit mit allem, was ist, zu tiefst verinnerliche. Ein Moment, in dem ich die Zeit anhalten möchte, weil mich ein wunderbares beinahe übersinnliches Glücksgefühl durchströmt und ich mir wünsche, es festhalten zu können.

Gern würde ich hier noch verweilen, aber die Realität holt mich leider viel zu schnell wieder ein. Pia ruft mir zu: „Gudrun komm wieder hoch auf den Felsen! Wir haben leider nicht mehr so viel Zeit, weil auf dem Campingplatz noch vier Mädels warten, die das hier auch noch bewundern möchten." Langsam wende ich dieser überwältigend schönen Kulisse den Rücken zu und klettere nach oben. Nachdem ich wenige Meter auf dem Felsen entlang gegangen bin, hüpft mein Herz vor Freude, denn ich stehe direkt vor einer Gruppe von sich sonnenden Papageientauchern.

Glücklich zücke ich meine Kamera und nutze eine Lücke, die zwei andere Touristen in der Reihe der Interessierten hinterlassen, um eine gute Fotoposition zu erlangen.

Island – in meiner Seele

Natürlich bin ich traurig, dass ich diesen schönen, erlebnisreichen Ort so schnell wieder verlassen muss, aber das Glücksgefühl hat mich so gestärkt, dass die Freude in mir überwiegt. Bevor wir wieder ins Auto steigen, erhasche ich noch einen kurzen Blick auf die versteinerten Trolle von unserem Standpunkt aus. In der Ferne sind sie immer noch sehr beeindruckend anzusehen, aber nicht mehr so bedrohlich, wie in unmittelbarer Nähe.

Pia legt ihre Hand auf meine Schulter: „Ich kann dich total verstehen. Mir fällt es auch unendlich schwer, jetzt schon zu gehen, aber wir müssen an die Anderen denken und ein wenig Schlaf oder einfach nur Ruhen in Vík kann uns jetzt auch nicht schaden." Dankbar nehme ich sie in den Arm und drücke sie. „Es ist total schön, zu erfahren, wie es ist, mit Gleichgesinnten zu reisen. Du empfindest das hier ganz ähnlich wie ich und weißt genau, wie mir zu Mute ist. Danke, das tut richtig gut!" Mit strahlenden Augen verlassen wir diesen magischen Ort und fahren zurück in Richtung Campingplatz. Unterwegs halten wir am Supermarkt in Vík und kaufen für die nächsten Mahlzeiten ein. Danach übernehmen Andy, Sandra und Kerstin I und II das Steuer des Autos, um sich verzaubern zu lassen.

Island – in meiner Seele

Nach dem wir unsere Einkäufe verstaut haben, packe ich ein paar Sachen aus und beschließe, mich ein wenig hinzulegen, um auszuruhen.
Es dauert keine zehn Minuten, als sich die Tür knarrend öffnet und ich eine leise Stimme vernehme. „Gudrun, schläfst du schon?", tönt es sanft in unsere fensterlose Holzhütte hinein.
„Noch nicht, aber es könnte jeden Augenblick so weit sein."
Conny betritt die Hütte und lächelt verschmitzt, so, als wenn sie etwas im Schilde führt. „Wie wäre es, wenn du heute Abend schläfst und jetzt mit Sabine und mir in einen echt isländischen Hot Pot steigst?"
„Das hört sich sehr verführerisch an, da es mir durch die Müdigkeit ohnehin ziemlich kalt ist. – Abgemacht, ich bin dabei!" Etwas müde öffne ich den Reißverschluss meines Schlafsackes und raffe mich wieder auf.
Und ich habe es nicht bereut, mich den beiden Mädels anzuschließen. Der kleine Ort Vík verfügt über ein recht passables Bad. Durch die Erdwärme in Island, ist warmes Wasser günstiger als an den meisten anderen Stellen auf der Erde. Der Besuch des Bades ist für deutsche Verhältnisse sehr preiswert. In Island ist es üblich, die Straßenschuhe am Eingang eines Gebäudes auszuziehen. Wenn man das missachtet, gilt man als sehr unhöflich. In diesem Bad stehen im Eingangsbereich Regale, die für die Schuhablage gedacht sind. Wir nutzen sie selbstverständlich. Mehrsprachig werden wir auf Schildern darauf hingewiesen, dass eine gründliche Körperreinigung Voraussetzung dafür ist, den Pool oder die Hot Pots zu benutzen. Bisher war ich der Meinung, dass das ganz normal ist, aber offensichtlich haben die Isländer wohl andere Erfahrungen diesbezüglich gesammelt. Kurz vor dem Duschen erklärt mir Conny, dass sie jetzt dringend auf meine Hilfe angewiesen ist, weil sie ohne ihre Brille so gut wie nichts sieht. „Selbstverständlich bin ich für dich da. Hake dich einfach bei mir ein und dann führe ich dich zum heißen Wasser."
„Das ist sehr nett von dir. Meine Brille hält sowohl dem Duschwasser als auch dem Wasserdampf nicht stand, so kann ich sie in der Umkleidekabine zurücklassen."
Währen sich das Schwimmbecken im Innenbereich des Bades befindet, sind mehrere Hot Pots im Freien. Die Außentemperatur beträgt etwa 12 Grad über Null und wir entscheiden uns für ein rundes gemütliches Becken, das eine Temperatur von ca. 40° Celsius hat. An meinem Arm bewegt sich Conny sicher in das angenehm warme Wasser. Eine kleine gemauerte Treppe führt uns in das Innere des Hot Pots. Als wir uns auf die am Außenrand des Beckens befindlichen Bänke setzen, schaut nur noch unser Kopf aus dem Wasser heraus. Sabine winkt uns zu. Sie hat einen Platz vor den Whirlpooldüsen gefunden und lässt sich auf diese Weise ihren Rücken durchmassieren. Zwischen uns sitzt eine isländische Familie, die sich angeregt unterhält. Ungefähr acht Menschen können in diesem Hot Pot Platz finden. Neben Isländisch und Deutsch höre ich nun von unserem Gegenüber auch noch ein paar englische Sätze. Ich habe das Gefühl, in eine kuschelig warme riesige Badewanne mit internationaler Besetzung geraten zu sein – ein eigenartiges, aber schönes Gefühl ist das!
Conny fängt an, ein wenig über sich zu erzählen: „Ich fühle mich ohne meine Brille manchmal ganz schön hilflos. Ich sehe dann alles total verschwommen und kann keine Entfernungen einschätzen. Wenn du mir nicht gesagt hättest, dass Sabine dort drüben sitzt, hätte ich es höchstens an ihrer Stimme ausmachen können. Danke, dass du für mich da bist."

„Das mache ich sehr gern. Außerdem wollte ich ohnehin gern in diesen Hot Pot steigen, so dass es auch gut passt. – Du hast mir dabei geholfen, den Tag noch mit einem angenehmen Erlebnis zu bereichern, anstatt ihn zu verschlafen."
Conny lächelt zufrieden.
„Darf ich dich etwas fragen?"
Conny nickt mir immer noch lächelnd zu.
„Wer oder was hat dich dazu inspiriert, diese Reise zu unternehmen?"
„Pia, Sandra und ich, wir sind befreundet. Wir haben uns durch unsere Arbeit kennen gelernt. Eine Zeit lang waren wir in demselben Bankunternehmen angestellt. Ich habe mich dann vor einiger Zeit verändert und arbeite jetzt bei einer Unternehmensberatung. Lange Rede – kurzer Sinn; seit drei Jahren unternehmen wir gemeinsame Urlaubsreisen, die individuell gestaltet sind. So waren wir im vergangenen Jahr zu einer wunderschönen Reise in Peru und für dieses Jahr haben wir uns gemeinsam das Reiseziel Island ausgesucht. Jedes Jahr finden wir ein neues interessantes Reiseziel, um nach und nach die schönsten Regionen unsere Erde zu besuchen. Bisher waren wir noch immer Singles, so dass es gut gepasst hat, aber Pia ist seit ein paar Wochen schwer verliebt, deshalb klebt sie auch immerzu an ihrem Handy. Wenn sich die Beziehung festigt, wird sie wohl im nächsten Jahr nicht mehr dabei sein."
„Das hört sich gut an. Ihr seid also drei unabhängige Frauen, die die Welt kennen lernen möchten."
„Ja, so in etwa."
„Du, ich brauche mal kurz eine Pause von dem warmen Wasser. Es tut zwar gut, aber mein Körper schreit nach einer Abkühlung. Wie ist es bei dir?"
„Ich fühle mich noch ganz wohl in dieser leicht schwefeligen Wärme. Wenn du mir versprichst, gleich wieder zu kommen, halte ich es hier gut noch ein paar Minuten aus."
„Okay!" Mit einem dankbaren Lächeln erhebe ich mich und empfinde die Außentemperatur als angenehm erfrischend. Der im Innenbereich befindliche Pool hat eine Temperatur von 28° C und erscheint mir, während ich ein paar Bahnen schwimme, im Vergleich zum Hot Pot sehr erfrischend. Nach wenigen Minuten bin ich untrainierter Schwimmer bereits ausgepowert und ausreichend heruntergekühlt, so dass ich mich nach der wohligen Wärme und nach Connys Gesellschaft sehne. Mein Platz neben Conny im Hot Pot ist noch frei und so bin ich im Handumdrehen wieder an ihrer Seite. „Ich hoffe, dass dir die Zeit nicht zu lang geworden ist!"
„Nein, es ist alles in Ordnung. Ich habe den Isländern ein wenig bei ihrer Unterhaltung zugehört."
„Kannst du isländisch sprechen bzw. verstehen?"
Sie lacht. „Oh nein, bis auf ‚Guten Tag' und ‚Danke' verstehe ich kein Wort. Aber der Klang ihrer Sprache ist sehr interessant. Die isländische Sprache gehört, wie auch die norwegische zu den nordgermanischen Sprachen und ist im Altnorwegischen verwurzelt. Soweit ich es weiß, hat sich das Isländische seit dem 14. Jahrhundert kaum noch verändert, weder die Grammatik noch die alte Formenlehre. Man hat lediglich zu dem Zeitpunkt, als das Christentum auf der Insel Einzug hielt, das lateinische Alphabet übernommen. Dort wurden allerdings einige Buchstaben entfernt und andere hinzugefügt und zwar Runenzeichen. Auf diese Weise haben die Isländer kein Problem, die uralten Schriften ihrer Vorfahren zu lesen."
Ich sehe Conny bewundernd an. „Mit der isländischen Sprache habe ich mich auch ein wenig beschäftigt. Ich finde es interessant, dass man hier fast vollständig ohne Fremdwörter auskommt. Obwohl seit Mitte des 20. Jahrhunderts doch einige Anglizismen, insbesondere bei den jüngeren Leuten im Sprachgebrauch sind. Ich

habe gelesen, dass man vor ca. 40 Jahren ein Komitee zur Erhaltung und Pflege der isländischen Sprache ins Leben gerufen hat. Dieses Komitee sorgt dafür, dass es für moderne internationale Wörter neue isländische Begriffe gibt. So nennen sie z.B. den Computer *tölva* (Zählwerk) oder das Telefon *síma* (Draht)."[3]

Da wir es jetzt beide nicht länger im heiß-warmen Wasser aushalten, beschließen wir, nach einer ausgedehnten Dusche zum Campingplatz zurückzukehren.
Nach dem Besuch des Hallenbades und des Hot Pots fühlen wir uns wirklich wieder viel munterer und beschließen, einen kleinen Umweg zu unternehmen und uns die Wollfabrik von Vík anzuschauen. Dort gibt es eine Vielzahl von Islandpullovern und anderen Strickwaren zu bestaunen. Da Handarbeit überall auf der Welt seinen Preis hat, nehme ich von einem Kauf vorerst Abstand.
Kurze Zeit später sind wir wieder an unseren Hütten angekommen und hängen die feuchten Badesachen und Handtücher auf. „Wer weiß, ob die Klamotten überhaupt eine Chance zu trocknen haben? Sabine sagt, dass es heute Nacht regnen soll."
„Dann nehmen wir sie später mit in die Hütten. Jetzt ist es erst einmal gut so."
„Es ist Zeit fürs Abendessen", ruft Sabine, „wir wollen Spaghetti mit Tomatensoße kochen. Ein einfaches Gericht, das wir sicher mit dem vorhandenen Equipment zubereiten können."
Aber es ist doch nicht so einfach, mit dem vorhandenen Equipment im Gemeinschaftsraum Spaghetti mit Tomatensoße zu kochen, weil leider nur ein einfacher kleiner Camping-Gaskocher vorhanden ist.
Selbst der etwas kleinere der beiden Töpfe, den wir für die Zubereitung der Tomatensoße ausgesucht haben, findet keinen Halt auf dem Campingkocher und der große Nudeltopf erst recht nicht. Natürlich gibt es bei einem Minigaskocher auch nur eine ziemlich kleine Flamme und so dauert bereits die Soßenzubereitung unendlich lange. In der Zwischenzeit benutzen wir einen großen elektrischen Wasserkocher, um das Nudelwasser bereits heiß in den Spaghettitopf zu befördern. Sabine regt sich sehr darüber auf, dass nicht die Ausstattung vorhanden ist, die ihr zugesagt wurde und versucht das Problem übers Handy zu klären. Das hilft uns im Augenblick natürlich nicht viel, aber vielleicht für die nächsten Tage, die wir noch hier verbringen werden.
Nun kommen bereits die anderen Mädels von ihrem Ausflug vom Kap Dyrholaey zurück. Auf der einen Seite haben sie noch leicht verklärte Augen, weil sie von den Naturschönheiten, ähnlich wie wir, beeindruckt sind, aber auf der anderen Seite platzen sie fast vor Lachen, als sie unsere Bemühungen sehen, ein Abendessen auf dem kleinen Campingkocher zu zaubern.
„Helft lieber, anstatt euch über uns zu amüsieren!", versuche ich schimpfend mit einem verschmitzten Blick zu entgegnen. Das lässt sich Andrea nicht zwei mal sagen, beherzt greift sie eins der beiden Geschirrtücher, die ich um die Griffe des Topfes gewickelt habe, um den Topf von der einen Seite zu halten und ich halte ihn von der anderen Seite. Conny rührt hin und wieder die Nudeln im nach und nach kochenden Wasser und so hoffen und beten wir, dass das Essen irgendwann an diesem Abend fertig wird. „Ein bissel wie ein Schildbürger komme ich mir schon vor, wenn ich unsere lustigen Bemühungen hier sehe", meint Conny.

---

[3] http://www.eldey.de/Geschichte/Sprache/sprache.html

„Haben wir eine Alternative?", erwidert Pia.
„Eine Alternative gibt es fast immer, sogar mehrere, wie z.B. Fasten oder das Brot, das für den Folgetag bestimmt ist, zu verzehren. Na gut, letzteres ist keine so gute Idee, weil vier von uns morgen sehr früh raus müssen, um in Richtung Gletscherlagune zu fahren, so dass wir dann wenig bzw. gar kein Brot mehr zum Frühstück hätten, weil der Supermarkt noch nicht geöffnet hat."
„Fasten ist für mich nun wirklich keine Alternative", sagt Pia, während sie mit wachsender Vorfreude neun Teller und Gabeln auf dem Tisch verteilt. Eine Küchenrolle dient uns als Serviettenersatz.
Jeder, der heute in den Gemeinschaftsraum kommt, hat ein Grinsen von frech bis mitleidig im Gesicht und an „hilfreichen" Sprüchen in verschieden Sprachen mangelt es auch nicht. Aber wir stehen das tapfer durch und lassen uns nicht entmutigen und dann, man glaubt es kaum, ist dieses wunderbare Abendessen fertig. Wir stürzen uns gierig, wie ein paar hungrige Wölfe, auf die Nudeln und lassen nichts davon übrig.
Nach diesem ersten ereignisreichen Tag in Südisland sinken wir müde, aber zufrieden auf unsere spartanischen Nachtlager und schlafen ein.
Irgendwann in der Nacht höre ich jemanden an unserer Tür klinken und rütteln.
„Was ist denn hier los?" Mutig schließe ich die Tür auf und schaue nach Draußen. Zuerst kann ich nichts erkennen. Doch dann sehe ich einen Mann, der hinter unsere Hütte uriniert.
„Das ist ja unglaublich!" So schimpfe ich drauf los. Der Mann, der offensichtlich einiges an Alkohol intus hat, bleibt unbeeindruckt und läuft schwankend davon, nachdem er seine Notdurft verrichtet hatte.
Verärgert und grummelnd verschließe ich unsere Tür besonders gut. Und das war gut so, denn der Mann, den ich gesehen hatte, war nicht der einzige, der unsere Hütten mit den Toilettenhäusern verwechselt hatte. Durch die Schlafdefizite der

letzten beiden Tage falle ich trotz der immer wiederkehrenden Störungen in einen tiefen traumlosen Schlaf.

*

Weil ich nicht zu der Gruppe gehöre, die heute zum Gletschersee fährt, genieße ich den Luxus des Ausschlafens. Endlich! - Das Dasein fühlt sich so viel leichter und beschwingter an, wenn man ausreichend Ruhe und Schlaf bekommen hat und so rekele ich mich zufrieden und schlüpfe aus meinem Thermoschlafsack hinaus, begrüße den neuen Tag und atme dankbar verhältnismäßig trockene isländische Luft ein.
Erst nach neun Uhr morgens kommt so richtig Bewegung in unsere Hütte, die ich mit Andrea und den beiden Kerstins teile. Als wir später entspannt am Frühstückstisch sitzen, sind Sandra, Pia, Conny und Renate schon seit ein paar Stunden mit dem Honda unterwegs. Morgen ist dieser Ausflug für uns geplant und die anderen Mädels können relaxen bzw. haben einen Tag zur freien Verfügung, so wie wir heute. Ich freue mich schon riesig auf diesen Ausflug zur Gletscherlagune, denn ich habe ganz phantastische Fotos davon gesehen, die mich sehr beeindruckt haben.
Da heute kein geplantes Programm ansteht, gehen wir den Tag ganz ruhig und entspannt an. Andrea und die lustige Kerstin, ich nenne sie ab jetzt Kerstin II wollen den Tag auf dem Campingplatz mit Lesen und einfach Abhängen, wie Andy es so schön ausdrückt, verbringen. Die ruhige Kerstin mit Numero I, Sabine und ich werden auf den Hausberg von Vík, den Reynisfjall, wandern. Die höchste Erhebung des Hausberges von Vík ist ungefähr 340 m über dem Meeresspiegel. Gestern sind wir um den Berg herum gefahren, um zum Kap Dyrhólaey zu gelangen und heute werden wir ihm einen Besuch obendrauf abstatten. Also habe ich geschwind meine Wanderschuhe angezogen, einen kleinen Rucksack mit Regenjacke, einer Flasche Wasser, ein wenig Knabberzeug und natürlich meiner Kamera gepackt und geschultert. Kerstin I und Sabine warten bereits startklar am Gemeinschaftsraum auf mich, als ich vor Freude strahlend ankomme. „Da bist du ja endlich!" Sabine schaut mich erwartungsvoll an. Ich lache darüber und schon geht es los.
Den hübschen kleinen Ort Vìk haben wir in kurzer Zeit durchquert und nähern uns, vorbei an saftig grünen Blumenwiesen und ein paar Islandpferden, deren Anblick mein Herz höher schlagen lässt, nun einer Schotterpiste, die uns auf den Bergkamm des Reynisfjalls führen soll.
„Schau mal dort drüben! Dort sind kleine Feenhäuser." Sabine zeigt auf die im Gras gut getarnten Miniaturgrassodenhäuser, die kaum höher als 50 cm sind und ich zücke begeistert meine Kamera.

„Das ist ja ein kleines Wunder, wie liebevoll und ehrerbietig die Isländer mit ihren Naturwesen umgehen."
Kerstin I lächelt: „Ja, die Isländer haben großen Respekt vor den Feen, Trollen und sonstigen Naturgeistern. Manchmal geht es schon fast in Aberglauben über. Irgendetwas wird schon an den vielen Geschichten, Sagas und Erzählungen dran sein, die oftmals in der Mystik und Dunkelheit des Winterhalbjahres entstanden sind."
Am Anfang der nach oben führenden Schotterpiste warnt ein Verkehrsschild davor, mit einem normalen Zwei-Rad-Antrieb nach oben zu fahren. Lächelnd schaut Sabine zu mir: „Dann können wir vielleicht einen halbwegs geruhsamen Aufstieg genießen! Mietwagen mit Vier-Rad-Antrieb sind, wie fast überall, auch hier sehr teuer."

„Wie kann es anders sein?" Es versuchen doch immer wieder einige Autofahrer mit ihren normalen Pkws auf den Berg zu gelangen und schleudern uns dabei stinkende Abgase entgegen, wenn sie uns überholen. Da hilft auch unser Schimpfen nichts. Etwas weiter oben gibt es eine ziemlich steile Stelle mit viel Geröll auf diesem Weg und hier müssen die meisten Fahrzeuge wieder umkehren. Von da an haben wir endlich Ruhe, kraxeln schweißgebadet immer weiter in die Höhe und genießen gigantische Ausblicke auf Vík, das in ein goldenes Sonnenlicht gebadet, verträumt am Meer liegt. Von hier aus gesehen, wirken die vom Nordatlantik herannahenden Wellen wie sanfte weiße Wasserschaumlinien, die den dunklen Lavastrand rahmen. Ein perfektes Bild von einer scheinbaren Ruhe. Als wir über den Bergkamm wandern, hüllen uns von einem Moment zum anderen abwechselnd Nebelschwaden und Sonnenstrahlen ein. „Ich komme mir vor, wie in einer mystischen Zauberwelt. Vielleicht ist das die Begrüßung der Naturwesen?" Glücklich schaue ich die beiden

Mädels an und sie strahlen zurück. Durch ein sanftes „Pst" mit dem Zeigefinger vor den Lippen deuten sie an, dass wir die Ruhe der Natur und ihre dort lebenden Wesen nicht unnötig stören wollen und somit selbst viel mehr wahrnehmen, als wenn wir uns angeregt unterhalten. Ein kaum beschreibbares Glücksgefühl durchströmt mich hier oben und ich halte inne, um so viel wie möglich davon aufzunehmen und mich daran zu freuen.

Sabine und Kerstin I sind schon vorausgegangen und winken mir zu. Ich folge den beiden, um zu sehen, was sie entdeckt haben. „Wir haben einen gigantischen Ausblick auf das Kap Dyrhloaey und die ganze Region, dank des klaren sonnigen Wetters, was dort unten überwiegt", sagt Sabine. Spontan setzen wir uns einfach dort, wo wir gerade gestanden haben, auf den Boden, halten eine kleine Rast und genießen den Moment.

Danach gehen wir auf dem Bergkamm entlang in Richtung Meer, kommen an vielen glücklichen Schafen mit ihren Jungtieren vorbei, die sich zum Teil hinter mit Gras bewachsenen Erdhügeln vor Wind und Wetter schützen.

Überrascht schauen wir kurze Zeit später auf zwei verlassene Gebäude. Das eine sieht aus, wie eine alte große Lagerhalle und das andere wurde vor einigen Jahren einmal als Wohnhaus genutzt. Kerstins kriminalistische Ader bricht durch und sie fängt an, das Wohngebäude zu inspizieren, während Sabine ruft: „Bitte sei vorsichtig! In solchen verlassenen Häusern ist meist Einsturzgefahr." Durch das eingeschlagene Fensterglas und die teilweise mit Brettern vernagelten Fenster und Türen sehen wir fast leere, stark verschmutzte Räume, ein paar kaputte Möbel und eine Feuerstelle. Bei diesem Haus fühlen wir uns nicht besonders wohl und so gehen wir weiter bis ans südlichste Ende der Felsenklippen und atmen erst einmal tief durch, als wir auf die versteinerten Trolle von oben blicken. „Auf einmal sehen sie gar nicht mehr so riesig aus, wenn man die Perspektive wechselt", grinst Kerstin mich an.

Sabine ist ganz außer sich vor Freude und zeigt auf die direkt vor uns startenden und landenden Papageientaucher. „Schaut, in den Felsspalten genau unter uns haben sie ihre Nester und bringen unermüdlich Nahrung für ihre Jungen!" –
„Ich kann es kaum glauben, dort vorn sonnt sich unmittelbar vor uns ein Lundi!"
Wir legen unsere Rucksäcke ab und bewegen uns ganz langsam und vorsichtig robbend auf die Felsenklippen zu. Hier oben sind wir zu dritt mit der Natur allein, hören nur noch die Brandung aus der Ferne und die surrenden Geräusche aus der Luft. Der Papageientaucher lässt uns verhältnismäßig nah mit unseren Kameras an sich heran und bietet uns Gelegenheit für eine ausgiebige Fotosession, bis er irgendwann genug davon hat und sich ruckartig in die Tiefe stürzt.

Nun robben wir vorsichtig bis ans Ende der Klippen, um selbst einmal direkt nach unten zu schauen. Es ist sehr beeindruckend, denn es geht deutlich mehr als 100 Meter steil nach unten und ein heftiger Schauer überkommt mich. Vorsichtig bewege ich mich ein paar Zentimeter zurück, drehe mich auf den Rücken und entspanne ein wenig. So liegen wir drei, jeder ein paar Meter vom Anderen entfernt, auf dem Rasen an den Felsenklippen, teilen diesen gänsehautmäßigen Augenblick und doch ist jeder von uns in seine ganz eigenen Gedanken und Gefühlen versunken.

Ich schließe meine Augen, um ein wenig zu ruhen und bin mir einen Moment lang unsicher, ob ich wache oder träume. Bilder und Geräusche aus einer anderen Zeit dringen in mein Bewusstsein ein.

Ich schaue an mir herunter und sehe mich in einem einfachen hellen Leinenkleid. Die Füße sind nackt, schmutzig und schmerzen. Ängstlich weiche ich immer weiter vor irgendeiner Gefahr zurück und komme dem Abgrund sehr nahe. Panische Angst sitzt in meinen Gliedern und ich zittere immer heftiger. Höhnische Worte eines für mich Fremden dringen in mein Ohr: „So spring doch endlich, dann ist alles vorbei!"

Ruckartig drehe ich mich um und schaue in den Abgrund. Ich bin zwar wieder in der Gegenwart angelangt, aber immer noch wie benommen und höre den Klang der Stimme dieses Fremden aus der Vergangenheit in meinen Ohren. Ich habe das Gefühl, dass mich irgendetwas mit aller Kraft wie magisch in die Tiefe ziehen will. Gerade so, als wäre das die Lösung aller Probleme und der Grund für meinen Besuch hier. Doch nun kommt aus meinem Inneren ein starker Impuls, der mich vom Abgrund fernhält. Wie zur Bekräftigung höre ich mich sagen: „Das kann und darf es nicht sein, was mich schon so lange nach Island zieht! Nein, ich will leben und mich dem Schicksal stellen!"

Waren es etwa die Naturgeister, die mir einen bösen Streich gespielt haben? Hätte ich sie würdevoller begrüßen müssen?

Diese Gedanken gehen mir durch den Kopf, während ich mich aufraffe und nach Sabine und Kerstin sehe. Ich weiß nicht genau, wie lange wir so gelegen haben. Die beiden ziehen gerade warme Sachen über und machen sich fertig für den Rückweg. Auf einmal fröstele ich und bemerke erst jetzt, dass sich der Himmel zugezogen hat und sich die ersten Regentropfen bemerkbar machen. Eilig streife ich meine warme, wasserdichte Jacke über, setze den Rucksack auf den Rücken und laufe los. Raschen Schrittes sind wir bald wieder an der Schotterpiste angelangt und befinden uns mitten in einer Regenwolke, die sich hier direkt am Berg festhält und sanft abregnet.

Ich habe das Gefühl, dass Sabine und Kerstin auch intensive „Erlebnisse" hatten, denn wir laufen nahezu wortlos, noch immer in unsere eigene Welt versunken, nebeneinander her.

Und ehe wir uns recht besinnen können, sind wir auch schon bei den ersten Häusern von Vík angekommen.
„Möchtet Ihr noch mit zur Kirche kommen?", unterbricht Sabine unser nachdenkliches Schweigen.
„Nein, danke", antwortet Kerstin. „Es ist schon spät und ich möchte jetzt ein wenig für mich allein sein."
„Ich komme gern mit", lautet meine Antwort.
So geht Kerstin forschen Schrittes in Richtung Campingplatz, während Sabine und ich auf die Anhöhe, auf der sich die kleine weiße Kirche mit dem roten Dach befindet, steigen.

Um uns herum sehe ich unzählige prächtige, blau blühende Lupinen. Sabine sieht meinen verwunderten Blick und wird wieder etwas gesprächiger.
„Ja, um die Lupinen gibt es auch eine ganz eigene isländische Geschichte.
Man könnte meinen, dass diese blau-violett blühenden Blumen einheimische Pflanzen sind. – Weit gefehlt. – Einige Zeit nach der Unabhängigkeit Islands von der Dänischen Krone im vergangenen Jahrhundert wurde diese Pflanze im Süden des Landes ausgesät, um die Bodenerosion aufzuhalten und um die über den Sanderflächen wütenden Sandstürme zu mildern. Sander sind übrigens unterschiedlich große Schotterflächen, die aus Sand, kleinen Steinen und Geröll bestehen. Sie sind während der Eiszeit entstanden und nehmen in Island riesige Flächen in Gletschernähe, am Gletscherablauf ein.
In einigen Regionen Islands ist es durchaus gelungen, die Lupine gegen die Erosion einzusetzen. Erstaunlicherweise hat diese Pflanze hier die für sie optimalen Nährstoffe und Bedingungen für sich gefunden, so dass sie sich wesentlich schneller und weiter ausgebreitet hat, als es den Isländern oder besser gesagt, der isländischen Pflanzenwelt recht ist. Selbst im Hochland kann man schon einige Exemplare davon finden. Das hat den Nachteil, dass durch ihr enormes Wachstum verschiedene einheimische Pflanzenarten bereits vom Aussterben bedroht sind."

„Ja, solche Sünden wurden in vielen Ländern und besonders in vom Festland abgeschnittenen Inselstaaten oder gar Kontinenten, wie z.B. auch in Australien, begangen. Die Folgen davon sind in den meisten Fällen nicht mehr oder nur mit sehr großem Aufwand in den Griff zu bekommen."

Andächtig betreten wir nun die Vikurkirkja. Diese Kirche ist etwas größer als die Reyniskirkja, die wir gestern besichtigt haben und sie thront eindrucksvoll über dem malerischen Ort Vík. Im Innenraum befindet sich, wie in der anderen Kirche eine azurblaue Deckenbemalung über dem Altar, die wie ein Ausschnitt vom Himmel wirkt. Ansonsten ist die Kirche hell und einfach gestaltet und lädt uns ein wenig zum Verweilen ein.

Unabhängig davon, in welches Land ich schon gereist bin, zieht es mich immer wieder in Kirchen und auf Friedhöfe und das nicht, weil ich besonders religiös bin, sondern weil ich an diesen Orten etwas über die Menschen aus der entsprechenden Region erfahren oder erspüren kann. Ich selbst bin an keine Konfession gebunden. Für mich ist Gott überall, besonders in der Natur und in jedem Lebewesen zu Hause. Nachdem ich mich in der Kirche umgesehen habe, nehme ich in der Nähe von Sabine in der zweiten Bankreihe Platz, schließe die Augen und beginne zu meditieren. Kurze Zeit später sehe ich die Bilder aus meiner Erinnerung, wie ich mich oben auf dem Reynisfjall ganz nah am Abgrund befand. Während der Meditation und mit ein wenig Abstand zum Geschehnis wird mir deutlich, warum ich vorhin so empfunden habe. „Viele Menschen haben schon einmal an einem realen oder symbolischen Abgrund gestanden. Es geht, wie so oft im Leben darum, eine Entscheidung zu treffen! Gehe ich einen Schritt weiter, gebe auf und lasse mich fallen oder wende ich mich davon ab und stelle mich dem Leben? – Das ist nicht immer einfach und erscheint in schwierigen Lebenszeiten, wie ein Kraft raubender Kampf. Wenn ich erkenne, dass dieser innere Kampf gegen mich selbst gerichtet ist, kann ich die Waffen niederlegen und meine Energie konstruktiv nutzen, in dem ich das Leben so annehme, wie es ist. Wenn ich mich in den Fluss des Lebens begebe, sehe und empfinde ich wieder die Liebe des Lebens. Es geht insbesondere um die Liebe in mir, in uns selbst. Wenn ich Liebe annehme und weitergebe, fühlt sich das Leben viel leichter und glücklicher an. Das ist für mich der Weg des Lebens hier und an jedem Platz auf der Erde."
Ich beende meinen inneren Dialog und begebe mich auf sanften Sohlen aus der Kirche, so dass Sabine nicht gestört wird. Draußen angekommen, atme ich tief durch, lasse die frische isländische Luft durch meinen Körper strömen und schaue dankbar zum Reynisfjall hoch.

*

Die Nacht war alles andere als erholsam, weil einige der Gäste auf dem Campingplatz geräuschvoll bis in die frühen Morgenstunden gefeiert hatten. Dank Oropax haben wir doch noch ein paar Stunden Schlaf gefunden, um für unseren großen lang ersehnten 200 km weiten Ausflug zum Jökullsarlón gewappnet zu sein.
Sabine wollte uns kurz vor sieben Uhr wecken. So klopft sie unüberhörbar und ausdauernd an unsere Tür, bis ein Echo von drinnen ertönt: „Ja, ja, ich komme ja schon, bin schon fast im Waschraum."
„Wecke bitte auch die Anderen auf, damit wir rechtzeitig loskommen. Wir haben einen weiten Weg vor uns und wollen doch möglichst viel und intensiv erleben!"
Ich öffne langsam die knarrende Tür, blinzele dem Morgenlicht entgegen und wundere mich über die vor Energie strotzende Sabine, die sich langsam zur Nachbarhütte bewegt. Außer einem trockenen „Moin" ist zu dieser frühen Stunde nichts aus mir herauszukriegen. Brav trotte ich unter die Dusche und hoffe, dass ich durch das Wasser und die kühle Morgenluft ganz wach werde. Kurze Zeit später, als ich wieder an unserer Hütte bin, höre ich die beiden Kerstins angeregt im Bett diskutieren. „Also auf meiner Uhr ist es noch lange nicht um sieben. Offensichtlich hat es Sabine versäumt, ihren Wecker auf isländische Zeit, also zwei Stunden zurückzustellen." Sofort schnappe ich mir meinen kleinen Reisewecker: „Du hast vollkommen recht, es ist erst kurz nach fünf Uhr. – Aber wisst ihr was, wir sollten jetzt einfach aufbleiben, denn Andrea ist in der Zwischenzeit auch schon beim Duschen und dann haben wir einfach etwas mehr Zeit auf unserem Ausflug. Wenn alles gut

geht, sind wir so vor dem großen Touristen-Ansturm vor Ort." Etwas widerstrebend pellt sich Kerstin I aus ihrem Schlafsack. „So richtig gut finde ich das jetzt aber nicht." Kerstin II findet meinen Vorschlag konstruktiv und geht als Nächste zum Waschraum. „Ich bin wirklich noch echt müde, aber wahrscheinlich hast du Recht. Wir haben heute einen fast wolkenlosen Himmel. Es verspricht, ein richtig schöner Tag zu werden und den sollten wir nutzen!"

„Schön! Dann gehe ich schon zum Aufenthaltsraum und helfe Sabine, das Frühstück vorzubereiten."

Sabine war es immer noch nicht aufgefallen, dass sie sich so geirrt hat und so fällt sie aus allen Wolken, als ich ihr meine Uhr zeige. „Oh das tut mir aber leid, dass ich euch zwei Stunden des bitter nötigen Nachtschlafes geraubt habe", sagt sie und schaut mich betreten an. Ihr Gesicht hellt sich etwas auf, als ich ihr berichte, dass ich die anderen Mädels dazu überredet habe, aufzubleiben und einfach früher als geplant loszufahren.

Eine halbe Stunde später sitzen wir mit einem kleinen Proviant für diesen Tag, viel Wasser und unseren Kameras ausgerüstet im Honda und starten in Richtung Osten an der Küste entlang.

„So ruhig habe ich die südliche Ringstraße noch nie erlebt. Wir fahren schon fast eine Stunde und sind noch keiner Menschenseele begegnet", staunt Sabine.

Kerstin I erwidert trocken: „Offensichtlich bist du sonst ca. zwei Stunden später losgefahren."

Andy, unser Car-Driver räuspert sich: „Sei doch nicht so nachtragend. Es kann doch jedem einmal ein Fehler passieren!"

„Mein Nachtschlaf ist mir heilig, insbesondere, wenn er so knapp bemessen ist. Aber meine Äußerung war mehr spaßig gemeint und ich glaube, Sabine kann das verkraften oder?"

Sabine lächelt süßsauer und schneidet ein anderes Thema an: „Lass uns bitte in der kleinen Einbuchtung dort vorn halten. Das ist unser erster Stopp und ich möchte euch etwas zeigen und erzählen."

Wir fahren schon seit einer Weile durch die verschiedensten Lavagebiete und Gesteinsformationen. Manchmal hat man das Gefühl, man befindet sich inmitten einer Mondlandschaft und dann plötzlich sehen wir wieder Gebirgszüge, fast wie in den Alpen mit saftig grünen Wiesen und Moosen überzogen, von denen sich verschiedene Wasserfälle in die Tiefe stürzen.

„Das Lavagebiet mit seinem Hügel, vor dem wir jetzt stehen, wird Laufskálavarða nach einem Großgut, das der Überlieferung nach hier stand, genannt. Bei einem Ausbruch des Vulkans Katla im Jahre 894 wurde alles vernichtet. An dieser Stelle ist es für jeden Menschen, der hier das erste Mal vorbeireist, zur Tradition geworden, eine Steinwarte zu errichten. Diese Steinwarte steht als Symbol für das Glück auf der weiteren Reise."[4]

---

[4] Infotafel vor Ort

Island – in meiner Seele

Staunend lauschen wir Sabines Worten und nehmen den Ort mit allen Sinnen wahr. „Wenn Ihr der Tradition folgen wollt, dann lade ich euch dazu ein, eure eigene Steinwarte zu bauen!"

Beeindruckt und inspiriert von den vielen, teilweise sehr kreativen Bauwerken, die Reisende aus den verschiedensten Ländern und Kontinenten unserer Erde hier geschaffen haben, beginnen wir, unsere Glücksbringer Stein auf Stein zu errichten.

„Das riesige Lavagebiet Eldhraun, durch das wir gerade fahren, nimmt eine Fläche von beinahe 600 km² ein und die große Sanderebene, die wir zuvor passiert haben, ist die größte ihrer Art in Island mit ca. 700 km². Manchmal, so wie glücklicherweise heute, kommt es auch in Island vor, dass es ein paar Tage lang nicht regnet. Wenn dazu noch ein Nordwind bläst, kommt es im Mýrdalsandur zu den gefürchteten Sandstürmen, die diese Straße hier mitunter unpassierbar werden lassen."[5]

Kerstin I, die sich auch gut auf diesen Ausflug vorbereitet hat, ergänzt: „Ich habe gelesen, dass im Eldhraun im 18. Jahrhundert noch fast Zehntausend Menschen auf ihren Höfen gelebt haben, die nach einem Vulkanausbruch zuerst durch die herabfließende Lava, dann durch die schwefelhaltigen Aschewolken und zuletzt durch die darauf folgende Hungersnot gestorben oder vertrieben worden sind."

„Darüber habe ich einen interessanten Dokumentarfilm gesehen", ergänze ich. „Diese Aschewolke hat damals auch in England, Frankreich und weiteren Teilen Nordeuropas viele Todesopfer gefordert. Der Ausbruch kam aus der Vulkanspalte des isländischen Laki-Kraters. Mehr als ein Viertel der isländischen Bevölkerung ist in dieser Zeit gestorben und große Viehbestände wurden vernichtet. Monatelang nach dem Ausbruch wurden giftige Schwefelgase ausgestoßen, so dass nicht nur die Ernte und das Wasser verdorben war, sondern, dass viele Menschen, die überlebten, schwer erkrankten, zum Teil erblindeten und hungerten. Dieser Ausbruch führte zu einer der dramatischsten klimatischen und sozialen Beeinträchtigungen im 18. Jahrhundert."[6]

Sabine schaut uns an: „Ja, die Naturgewalten auf dieser Insel haben den Menschen, Tieren und Pflanzen in den vergangenen Jahrhunderten viel abverlangt, aber sie haben sich von den schwersten Rückschlägen immer wieder erholt und die Natur ist noch schöner geworden."

„So etwas habe ich noch nie gesehen. Das ganze Gebiet ist von verschiedenen Moosarten bedeckt. An manchen Stellen ganz zart mit kleinen gelb blühenden Pflanzen durchwirkt und auf den meisten Flächen mehrere Zentimeter hoch. Es wirkt wie ein riesiger Teppich, der die vielen Lavagebilde sanft einhüllt", schildere ich meinen Eindruck. „Die Gegend ist faszinierend und lädt zum Verweilen ein. Schaut einmal, was für interessante Schatten diese skurrilen Lavagebilde auf die Moosdecke werfen! Wenn ich noch eine Weile hinsehe, erkenne ich bestimmt ein paar Naturwesen, die uns ihre Geschichten zuraunen wollen."

Lächelnd schaut Sabine zu mir herüber: „Dich hat der Islandvirus aber ganz schön gepackt! Leider müssen wir weiter, du musst mit anderen Naturgeistern vorliebnehmen."

---

[5] Infotafel vor Ort
[6] http://www.welt.de/print-welt/article669867/Von_Island_geht_die_naechste_Eiszeit_aus.html
http://programm.ard.de/TV/3sat/toedliche-aschewolke---der-ausbruch-des-laki-1783/eid_2800767924868002?list=now#top

Kurze Zeit später zeigt uns Sabine eine beeindruckende Schlucht, die den Namen Fjaðrárgljúfur trägt. Dieser Canyon, ist zwei Kilometer lang, an manchen Stellen bis zu 100 Meter tief, sehr breit und besteht aus Lava und Tuffstein. Durch ihn fließt der kleine Fluss Fjaðrá, durch den die gewaltige Schlucht ihren Namen bekam.

„Die Felsen sind während der letzten Eiszeit entstanden, also ca. 20.000 Jahre alt. Genaueres über die Entstehung dieser Schlucht könnt ihr dort vorn auf der Informationstafel lesen, denn alles konnte ich mir doch nicht merken."[7]

„Übrigens liegt hier ganz in der Nähe ein isländischer Ort mit dem wunderbaren Namen Kirkjubæjarklaustur."
„Wie bitte", schallt es im Chor aus unseren Mündern.
„Okay, ich sage euch den Namen jetzt noch zwei Mal und wer ihn zuerst aussprechen kann, hat sich heute noch ein leckeres Eis von mir verdient." Sabine grinst verschmitzt, während wir uns beim Versuch, diesen Namen auszusprechen, fast die Zungen brechen.
„Ich hoffe, du meinst jetzt kein Gletschereis oder?" Kerstin II schaut Sabine verunsichert, aber doch ein wenig schelmisch, an.
Nun ist es nicht mehr weit bis zu dem gigantischen und größten Gletscher Islands, dem Vatnajökull. In der Ferne erkennen wir seine erste Gletscherzunge, die er gierig ins Tal streckt.
Sabine ist wirklich ein gut informierter Tourguide und berichtet weiter: „Für uns sieht der Gletscher immer noch sehr gewaltig aus und das ist er zweifelsohne auch. Er ist mit seinen 8400 km² der größte Gletscher Islands und bedeckt ungefähr acht Prozent der isländischen Gesamtfläche. Man hat herausgefunden, dass das Eis an manchen Stellen bis zu 1000 Meter dick ist. Der Vatnajökull ist mit maximal 2100 Metern nicht nur der höchstgelegene Gletscher, sondern auch die höchste Erhebung Islands. Der höchste Berg in dem Areal ist der Hvannadalshnjúkur.

---

[7] Infotafel vor Ort

Aber wenn man bedenkt, dass die Gletscherzungen durch die globale Erwärmung in den vergangenen Jahrzehnten zum Teil um mehrere Kilometer ins Landesinnere zurückgewichen sind, d.h. früher reichte z.B. der Breidamerkurjökull bis zum Atlantik, stimmt das doch ganz schön nachdenklich. Wo wird diese Entwicklung hinführen?"[8]
„In diesem Zusammenhang verdeutlicht sich mir der Vorgang des Abschmelzens der Pole und vieler Gletscher weltweit. Wenn man in den Nachrichten davon hört, ist alles soweit weg. Aber es ist sehr erschütternd, wenn man es direkt vor sich sieht", denke ich laut.
„Dass unter diesen Eismassen ganze Täler, Berge und vor allem aktive Vulkane schlummern, wisst ihr ja sicherlich! Darauf gehe ich später ein, wenn wir uns Skaftafell ansehen."

Sabine unterbricht unser betretenes Schweigen. „Lasst uns weiterfahren, man kann den Gletschersee schon fast riechen!"

---

[8] http://www.island-lexikon.de/Vatnajoekull.html und Infotafel vor Ort

Und schon rollen wir über eine Brücke, die den Fluss Jökulsá mit dem abfließenden Schmelzwasser von der Gletscherlagune überspannt. Auf dem Parkplatz erwarten uns eine Reihe kleiner Verkaufshütten, in denen man sowohl Getränke und Speisen, als auch viele verschiedene Souveniers erstehen kann. Es ist kurz vor Mittag und noch sind nicht ganz so viele Touristen vor Ort, so dass wir die relative Ruhe genießen können.

Als ich näher an die Gletscherlagune herantrete, kommen mir fast die Tränen vor Rührung. Ich erinnere mich an die wunderbaren Fotos, die ich vor ein paar Jahren vom Jökulsárlón gesehen habe und jetzt stehe ich direkt vor diesen herrlichen Eisgebilden, die wie verzaubert aussehen. Ich komme mir wie in einer Märchenwelt aus meinen Kinderträumen vor. Es ist ein überwältigender Moment und ich empfinde tiefe Dankbarkeit und Glück. Ich bin vollkommen gerührt.

Jetzt stehen wir wieder zu fünft am Ufer des Jökulsárlón und Sabine beginnt, uns ein paar wichtige Informationen über die Entstehung des Sees zu vermitteln.
„Der Breiðamerkurjökull-Gletscher reichte zu Beginn des 20. Jahrhunderts noch bis in den Atlantik hinein. Insbesondere in der zweiten Hälfte des vergangenen Jahrhunderts hat er sich um mehrere Kilometer ins Landesinnere zurückgezogen. Die tiefer gelegenen Gletscher schmelzen aufgrund der Klimaveränderung wesentlich schneller ab, als die, die sich in höheren Lagen befinden. Da sich unter dem Gletschersee bis hin zum Ozean ein Fjord befindet, der zu den tiefsten Stellen in Island zählt, konnte sich das Schmelzwasser dort ansammeln und diese wunderschöne Lagune mit dem Abfluss zum Meer bilden. Neuesten Messungen zufolge hat sich gezeigt, dass die tiefsten Stellen fast 300 Meter erreichen. Die Temperatur des Wassers beträgt jetzt im Sommer nur 2 bis 3 Grad Celsius. Wenn ihr einmal eure Aufmerksamkeit zu dem Breiðamerkurjökull-Gletscher richtet, werdet ihr immer wieder ein lautes, fast donnerndes Geräusch hören."[9]
„Ja, ich habe es schon mehrmals gehört, es klingt ganz schön unheimlich. Was hat das zu bedeuten?", fragt Andy sehr interessiert.

---

[9] http://wiki.bildungsserver.de/klimawandel/index.php/Gletscher_%28Polare_Gebiete%29

„Das sind die Eisblöcke, die sich vom Gletscher lösen, sie brechen während der relativ warmen Sommertemperaturen immer wieder ab. Man sagt dazu auch: Der Gletscher kalbt."

Die Eisbrocken, die vom Gletscher in die Lagune fallen, sind so unterschiedlich an Größe, Gestalt und Farbe, dass man den Eindruck bekommt, dass es eine ganz eigene Welt für sich ist. Manche Brocken sind so riesig, dass man sie durchaus als Eisberge bezeichnen kann, während andere Eisteile, die unterschiedlichsten Formen bilden, die zum Teil an Tiere und Fantasiewesen erinnern. Dabei weisen sie Farbtöne von weiß, über ein herrliches blau bis hin zu kristallklar auf. Einige Eisschollen zeigen auch eine partielle schwarze Färbung.

„Wie kommt eigentlich diese gigantisch schöne blaue Farbe ins Eis?" Andy schaut uns fragend an.

Lächelnd antwortet Kerstin I: „Ich glaube, das hat etwas mit der Entstehung der Gletscher zu tun. Die unten liegenden Eismassen des Gletschers sind durch die Massen, die über ihnen lagern, viel stärker komprimiert, d.h. dass dort auch weniger Luftbläschen enthalten sind. Das einfallende Licht wird demzufolge nicht so stark gestreut. Soweit ich es weiß, wird blaues Licht am wenigsten absorbiert, weil es die kleinste Wellenlänge aufweist. Aber es hat auch etwas mit dem Aufbau der Eiskristalle zu tun."[10]

„Wow!" Beeindruckt schauen wir die fast immer ruhige Kerstin an. „Lehrer wissen einfach alles oder?"

„Wie Ihr wisst, lese ich sehr viel und bei der Touristinformation lag eine kleine Broschüre, die sich mit genau diesem Thema befasst hat", lächelt sie bescheiden zurück. „Die schwarzen Stellen sind durch Sand, Asche und Geröll aufgrund von Vulkanausbrüchen und Sandstürmen entstanden."

---

[10] http://www.weltderphysik.de/thema/hinter-den-dingen/winterphaenomene/farbe-von-eisbergen/

Sabine, die eine Weile lang zugehört hat, kommt auf eine weitere Touristenattraktion zu sprechen: „In manchen Hotels in Island bezahlt man ein kleines Vermögen für einen Cocktail mit Gletschereis. Das ist etwas ganz Besonderes, da das Eis zum Teil älter als 1000 Jahre ist."

Ich runzele die Stirn. „Es ist schon erstaunlich, auf was für Ideen die Menschen kommen!"

„Dort vorn könnt ihr für ca. 30 EURO mit einem Amphibienfahrzeug eine kleine Tour über den Jökulsárlón unternehmen." Sabine weist mit der Hand auf die gelbweißen Fahrzeuge, die wie Boote mit Autoreifen aussehen.

Wir entscheiden uns geschlossen dagegen, weil wir den Krach und die Abgase die ganze Zeit schon als sehr störend empfunden haben. Außerdem kann man ziemlich weit um die Gletscherlagune herum wandern und somit fast alles sehen und fotografieren, so dass wir davon Abstand nehmen.

Langsam und wieder etwas verträumter wandern wir nach einem kleinen Picknick am Fluss Jökulsá entlang in Richtung Meer. Durch diesen kurzen Flusslauf bewegen sich gerade die erstaunlichsten Eisgebilde von riesig groß bis winzig klein in weißen und blauen Farbentönen bis hin zu transparent. Ganz viele Seevögel, die schreiend über dem Wasser kreisen, um einen leckeren Fisch zu erspähen, begleiten uns auf diesem Weg. Und plötzlich taucht ein Seehund mit seinen hübschen Knopfaugen auf. Ich freue mich total darüber und im nächsten Augenblick ist er wieder verschwunden. Durch diesen kurzen, aber relativ breiten Fluss treiben die Eisschollen und Eisgebilde, die weit genug geschmolzen sind, auf den Atlantik. Viele von ihnen werden mit der einen oder anderen großen Welle wieder an den schwarzen Sandstrand gespült. Der Kontrast der bizarren Eisgebilde zum schwarzen Lavastrand ist sehr beeindruckend. Es sind Gegensätze, die eine wunderbare Einheit bilden, wenn sie so friedlich vereint sind.

Die Sonne scheint jetzt so warm herab, so dass wir unsere dicken Jacken ablegen und mit kurzärmligen Shirts verweilen können. Durch die Sonne und Wärme fängt das Wasser an, zu verdampfen und bildet Nebelschwaden, die auf einer kleinen Landzunge am Meer entlang die Menschen einhüllen. Es wirkt alles so unwirklich schön und mystisch zugleich, dass ich kaum glauben kann, dass es real ist. In solchen Momenten spürt man die übersinnlichen Kräfte der Natur ganz deutlich.

Ich nehme auf einem Felsen am Meer Platz und beobachte fasziniert die Eisschollen und –stücke, die auf dem Wasser treiben und märchenhaft schön von der Sonne zum Glitzern gebracht werden.

Viele Eisbrocken, die ich am Strand finde, sind im Laufe der Zeit kristallklar gespült und transparent geworden. Ich habe seit langem nicht mehr so ein tiefes Glück empfunden und möchte am liebsten noch ein paar Stunden hier in dieser zauberhaften Märchenkulisse verweilen. Mit meiner Kamera versuche ich noch ein paar der schönsten Eiskristalle festzuhalten, um etwas von diesem intensiven Erlebnis für später zu dokumentieren.

Island – in meiner Seele

Am liebsten möchte ich diese kalte Pracht mit nach Hause nehmen und hebe voller Überschwang und Glück einen Eisbrocken hoch.
Die Teile sind viel schwerer als ich dachte und ich kann sie nur kurz in meinen Händen halten. Es ist eben Eis – eine vergängliche Schönheit und jeder Augenblick ist kostbar!

Island – in meiner Seele

Wir fünf Frauen sitzen im Moment jede für sich, auf einer kleinen Felsgruppe aus Lavagestein am schimmernden Ozean verteilt, und träumen mit offenen oder geschlossenen Augen und genießen die Zeit, die wir hier zur Verfügung haben.

Ich bin sehr froh, dass wir so frühzeitig losgefahren sind und hier länger als geplant bleiben können. Wenn ich so in mein Herz spüre, habe ich den Eindruck, dass ich hier irgendwann schon einmal gewesen bin. Es kommt mir alles so vertraut, so leicht vor und macht mich tief zufrieden. Auf jeden Fall ist es ein Ort, der mein Herz sehr stark berührt und mich unendliche Weite, Vollständigkeit und Leichtigkeit spüren lässt. Es fühlt sich so an, als wäre ich mit allem hier verbunden, ein Teil von dieser Welt.

Irgendwann holt Sabine uns aus unserer Traumwelt zurück in die Realität und so geht es weiter zum Nationalpark Skaftafell. Während der kurzen Fahrt denke ich darüber nach, wie schön und intensiv diese Reise doch bisher mit den anderen Mädels verlaufen ist. Es ist so wunderbar und bereichernd mit Gleichgesinnten solch eine Reise zu unternehmen. Man kann sich hervorragend austauschen, kann gemeinsam und auch ganz für sich allein mit allen Sinnen genießen. Ich bin gespannt, wie sich das Verhältnis unter uns neun Frauen weiterentwickelt. Heute kennen wir uns ja gerade erst vier Tage lang und die vielen intensiven Erlebnisse haben uns bisher die meisten Sorgen und Probleme in der Heimat vergessen lassen.

Mit dem Weg zum Skaftafell-Nationalpark beginnt unsere Rückfahrt nach Vík.

Unser nächster Halt ist schon wenige Kilometer weiter. Wir bestaunen eine kleine Kirche mit einem Grassoden-Dach, die Hofskirkja. Den historischen Daten auf der Schautafel entnehmen wir, dass dieses Gebäude als eines der letzten im Jahre 1884 nach der alten Bauweise als Torfkirche entstand. In ganz Island gibt es nur noch sechs von dieser Art. Sie stehen als Kulturerbe unter Denkmalschutz und werden

Island – in meiner Seele

entsprechend erhalten. Die Kirche wird auch heute noch als Pfarrkirche genutzt. Neben dem riesigen Gletscher begeistert uns nun diese winzige Kirche.[11] Island ist ein Land mit besonders extremen Gegensätzen. Die Kirche ist offen und so schauen wir uns auch den Innenraum an. Er wirkt einladend und beinahe gemütlich. Außen wird die Hofskirkja von einem kleinen Friedhof gesäumt, auf dem Grashügelgräber mit weißen Kreuzen stehen.

Da wir an diesem Tag schon sehr viele intensive Eindrücke aufgenommen haben, fallen die Besichtigungen der Sehenswürdigkeiten auf der Rückfahrt etwas kürzer aus. Kerstin II ist jetzt unsere Fahrerin.

Kurz danach stehen wir bei Selið, einem kleinen Ort im Skaftafell Nationalpark: „Überflutungen des Gletscherflusses Skeiðará und ständig zunehmende Sandablagerungen führten im frühen 19. Jahrhundert dazu, dass die Bauern in Skaftafell ihre Behausungen höher in die Berghänge verlegten. Die Ruine des Hofes auf der „Alten Wiese" am Fuße des Berges östlich vom Bach ist noch zu sehen. Früher stand hier eine Sennhütte. Ab 1832 wurde der Hof ganzjährig betrieben."[12]
Hier besichtigen wir ein altes Wohnhaus, das 1912 gebaut und nach 1970 vom Nationalmuseum aufwendig restauriert worden ist. Bis Mitte des vergangenen Jahrhunderts wurden Gebäude dieser Art in Island genutzt. Das Besondere daran war, dass man die Wärme vom Kuhstall für den Wohnraum nutzte, indem man ihn unterhalb des Wohn-Schlaf-Raumes baute. Diese Methode der Wärmenutzung durch Tierhaltung im Haus wurde am längsten bis ca. 1946 in der Region Skaftafell angewandt.[13]

---

[11] Infotafel vor Ort
[12] Infotafel vor Ort
[13] Infotafel vor Ort

„Die Region Skaftafell wurde im Jahr 1967 zum Nationalpark erklärt. Ein großer Teil des Nationalparks liegt sehr geschützt zwischen den Bergen und weist eine üppige Vegetation, im Vergleich zu den meisten Gebieten hier, auf. Dazu gehören Birken, Eschen und zahlreiche Wildblumen, wie z.B. Glockenblumen und Storchschnabel. Das milde Klima in dieser Region Südislands wird durch den Golfstrom beeinflusst."[14]
„Der Kontrast der farbenprächtigen Blumen zu dem grauen Geröll und dunklen Lavastein reizt mich sofort zum fotografieren!" unterbricht Andy den Vortrag von Sabine und zückt fasziniert ihre Kamera.

„Nach unserer kleinen Wanderung habt ihr die Gelegenheit, euch dort vorn im Visitorcenter eine kurze Dokumentation über den letzten Vulkanausbruch des Bárðabunga im Jahr 1996 anzusehen. Es wird dabei ziemlich deutlich, was für Ausmaße es annehmen kann, wenn unter einem so gewaltigen Gletscher, wie dem Vatnajökull, ein kraftvoller Vulkan ausbricht. Riesige Eisschollen und -brocken wurden durch das Sandergebiet in Richtung Meer geschleudert und das Schmelzwasser bildete einen breiten reißenden Strom. Die Ringstraße, über die wir vorhin gefahren sind, wurde dadurch an dieser Stelle, auf die ich euch hingewiesen habe, einfach weggerissen, als wäre sie aus Pappe und Papier gebaut. Ein paar Teile davon stehen zum Gedenken daran am Straßenrand. Glücklicherweise haben Wasser und Eis ihren Weg durch die Sanderebene gefunden und es sind keine Häuser und Menschen zu Schaden gekommen. Bis auf wenige Ausnahmen, die unter anderem den schönen Ort Vík betreffen, haben es die Menschen in Island aus ihren Erfahrungen gelernt, sich nicht mehr unterhalb eines Vulkans anzusiedeln. Die Ringstraße wurde sehr schnell wieder aufgebaut, weil sie die einzige Verbindungsstraße in Südisland ist."

---

[14] http://www.iceland.de/index.php?id=649

„Der Wasserfall, der sich hier so malerisch über die Basaltsäulen ergießt, ist der Svartifoss und die riesige Gletscherzunge, der wir uns gerade nähern, Skaftafellsjökull."

Andy stupst mich an: „Schau doch einmal, die Leute, die direkt vor dem Gletscher stehen, sind im Vergleich dazu so klein wie Ameisen. Wenn man die Ausmaße der Eisgiganten einmal so direkt vor sich sieht, bekommt man noch mehr Respekt vor ihnen."

„Das siehst du so, liebe Andy", räuspert sich Sabine. „Leider gibt es jedes Jahr aufs neue Touristen und manchmal auch Einheimische, die nicht so großen Respekt vor den Naturgewalten haben, wie wir. Sie ignorieren alle Hinweis- und Gefahrenschilder, besteigen ohne ortskundige Führer Gletscher und Eishöhlen, weil die Abenteuerlust oder was auch immer in ihnen siegt, und so gab es bisher in jedem Jahr Tote und Vermisste zu beklagen. Ich sage absichtlich Vermisste, weil manch ein Verunglückter auch nach Jahren nicht gefunden oder geborgen werden konnte, wenn er z.B. in eine tiefe Gletscherspalte gefallen ist."

Nachdenklich grübele ich über das Gesagte: „In den vergangenen Jahrhunderten haben Menschen schon so oft geglaubt, dass sie die Naturgewalten bezwingen können, anstatt sich mit ihnen zu arrangieren. Schließlich sind wir selbst ein Teil unserer Erde und nicht die Herrscher darüber. Ich bin sehr froh, dass es in der Zwischenzeit so viele Menschen gibt, die die Natur schützen und verantwortungsvoll mit ihren Ressourcen umgehen, so dass auch nachfolgende Generationen davon partizipieren können."

Noch ganz von dem Dokumentarfilm in den Bann gezogen, lenkt uns Sabine davon ab und zeigt uns im Visitorcenter ein isländisches Telefonbuch. „Wusstet ihr, dass die

Island – in meiner Seele

Einträge in isländischen Telefonbüchern nach den Vornamen der Leute vorgenommen werden?"
„Ich habe mir ehrlich gesagt noch keine Gedanken darüber gemacht. Aber verstehen kann ich das schon, weil sie ja im Normalfall keine richtigen Familiennamen besitzen. Ich würde als Isländerin wahrscheinlich Kerstin Petersdottir heißen, was soviel heißt, wie Kerstin, die Tochter von Peter. Und wenn ich ein Sohn namens Thomas wäre, dann hieße ich Thomas Peterson. Richtig?"
Sabine lächelt begeistert. „Ja, du hast das sehr schön erklärt. Bei dir wäre ich wirklich gern Schülerin gewesen."
Kerstin I freut sich über das Lob und ergänzt: „Und da es in Island nur ca. dreihunderttausend Einwohner gibt, ist so eine Vorgehensweise durchaus praktikabel."

Nun fahren wir eine längere Strecke bis zum nächsten Haltepunkt. Hier steht einer der eindrucksvollsten Tafelberge Islands, der Lómagnúpur. Mit einer Höhe von 767 Metern, zeichnet er sich durch besonders steile Abhänge aus. Der Hof, der sich direkt vor dem Berg befindet, hat seinen Namen durch diesen Standort erhalten, wie wir wieder auf einer der Hinweistafeln lesen. Die Hofgebäude stammen aus dem 18. und 19. Jahrhundert. Das älteste Gebäude ist die Kirche, die noch kleiner ist, als die vorhin besichtigte. Auch diese Gebäude stehen unter dem Denkmalschutz des Nationalmuseums.[15]

---
[15] Infotafel vor Ort

Eine außergewöhnliche Attraktion ist das alte Postauto, das hier vor längerer Zeit abgestellt wurde und ein beliebtes Postkartenmotiv in Island darstellt.

„Auch wenn es vom Tageslicht her nicht so aussieht, ist es schon nach 19:00 Uhr und einen kleinen Stopp habe ich für den letzten Teil der Rückfahrt noch eingeplant. Also bitte lasst uns weiterfahren", mahnt uns unser Tourguide.
„Das ist vollkommen richtig, aber jede einzelne Attraktion ist so wunderbar, dass man gern mehr Zeit an dem jeweiligen Ort verbringen möchte", erwidert Kerstin II.
„Da hast du durchaus Recht. Das ist doch mit Sicherheit ein guter Grund, irgendwann mit ganz viel Zeit nach Island zurückzukehren oder?"
Sehnsuchtsvoll lassen wir unsere Blicke zum Abschied über Núpsstaður schweifen und fahren ein paar Kilometer weiter.

Der letzte Stopp hat gleich mehrere Naturschönheiten aufzuweisen und wir sind langsam, aber sicher ziemlich müde von dem langen ereignisreichen Tag. Zuerst schauen wir uns die Basaltsäulen von Erikslundur an. Auf der gegenüberliegenden Straßenseite führt ein Weg zum Stjórnarfoss, an dem sich gerade ganz eisenharte Touristen erfrischen. „Alle Achtung! Das ist mit Sicherheit eine super Erfrischung, denn das Wasser wird, wenn überhaupt, nicht wärmer als 10°C sein."

Das letzte Teilstück unserer Fahrt wird uns durch eine große Herde farbenprächtiger Islandpferde noch mehr verschönt, als es durch das sonnige Wetter ohnehin schon ist.
Vík empfängt uns mit herrlichen Wolkenformationen am Horizont und die Mädels, die heute auf dem Campingplatz geblieben sind, mit einem leckeren Abendessen.
„Oh danke. Wie habt Ihr denn das gezaubert: Reis, Zucchini und Garnelen! Und so lecker. Ihr seid die Größten und gebt diesem tollen Tag einen krönenden kulinarischen Abschluss", sprudeln die Worte vor lauter Begeisterung aus mir heraus.
Nach dem Geschirrspülen wollte ich mich gerade auf mein Bett legen, als Sandra meinte: „Wie wäre es denn, wenn der endgültige Abschluss dieses wunderbaren Tages ein abendlicher Strandspaziergang ist? Wenn mich nicht alles täuscht, liebe Gudrun, bist du dort noch nicht gewesen, obwohl in unserem Reiseführer steht, dass gerade dieser traumhaften Lavastrand zu den zehntschönsten Stränden Europas gehört. Also, das willst du doch nicht versäumen oder?"
„Natürlich nicht", antworte ich mit einem matten Lächeln, quäle mich hoch und ziehe mir meine Wetterjacke über. „Da wir morgen früh Vík verlassen, wäre das eine verpasste Chance."
„Du wirst es nicht bereuen, mit Kerstin I und mir zum Wasser zu laufen, denn es ist ein wunderschönes Abendlicht. Vergiss nicht, deine Kamera mitzunehmen!"
In der Zwischenzeit ist es schon nach 23:00 Uhr und der Weg bis zum Strand ist nicht so weit. Die Felsen sind in ein rosafarbenes Licht getaucht und ich bin sehr froh, diesem malerischen Strand noch einen Besuch abzustatten. Neben einigen

Holzteilen und abgerissenen Boyen finden wir auch ein paar verendete Seevögel. Leider ist auch ein kleiner Lundi dabei.
Das fantastische Farbenspiel am Himmel über den Bergen verändert sich immer zu und belohnt uns mit den schönsten Bildern.

Nachdem wir von den versteinerten Trollen Abschied genommen haben, entscheiden wir uns für einen anderen Weg zu unserer Unterkunft. Dabei treffen wir auf Hunderte von Seevögeln, die schreiend über unseren Köpfen kreisen und uns mit Scheinangriffen attackieren. Glücklicherweise haben wir Kopfbedeckungen, denn die scharfen Schnäbel treffen unsere Köpfe hin und wieder.
„Das ist ziemlich unangenehm. Ich komme mir ein wenig, wie in Hitchcocks Film „Die Vögel" vor", etwas ängstlich schaue ich um mich herum und schimpfe tapfer vor mich hin. Das hilft mir, um besser mit dieser heiklen Situation fertig zu werden.
Sandra versucht mich zu beruhigen: „Die Seeschwalben haben noch viel mehr Angst vor uns. Sie versuchen einfach nur ihre Nester vor uns zu verteidigen. Offensichtlich sind wir ihnen zu nahe gekommen."
„Lasst uns etwas schneller gehen, dann erreichen wir gleich die Straße und sowohl die Seeschwalben als auch wir haben wieder Frieden. – Außerdem müssen wir noch packen. Morgen geht es relativ früh zu unserem nächsten Ziel, den Westmännerinseln."

Die letzte Nacht in Vík war verhältnismäßig ruhig, da am Tag zuvor viele Camper abgereist sind.

Als wir am Morgen kurz nach sieben Uhr die Tür unserer rotbraunen Hütte aufsperren, befinden sich direkt davor fünf Zelte. Sabine klärt uns kurze Zeit später darüber auf, dass es sich dabei um eine weitere Gruppe unseres Reiseunternehmens „Lichtschein" handelt, die die Trekkingtour gebucht hat. Außerdem ist nun auch der Bullifahrer Marcel anwesend, der in diesem Augenblick Sabine seinen Unmut kundtut. Er regt sich sehr darüber auf, dass Sabine gestern für ihn nicht telefonisch erreichbar war.

„Aber es ist doch gar nichts Wesentliches geschehen, so dass du mich hättest unbedingt erreichen müssen", verteidigt sich Sabine.

„Darum geht es doch gar nicht. Du bist bei Lichtschein angestellt und musst dich an die Regeln halten, d.h. du musst jederzeit in Island für mich erreichbar sein! Hier geht es ums Prinzip."

Sabine unterlässt es, auf die letzte Prinzipienattacke zu antworten und Marcel geht beleidigt, wie ein kleiner Junge, dem man sein Spielzeug weggenommen hat, zum Frühstücksraum.

Ich schaue Marcel nach. Er ist ein mittelgroßer Mann in den Vierzigern mit einem kahlen Kopf und einer chicen Brille. Er erledigt diesen Job schon seit ein paar Jahren und weiß also, wo es lang geht und daher duldet er keine Ausnahmen. Alle Entschuldigungen von Sabine, dass wir unterwegs lange Zeit keinen Empfang hatten usw. gelten bei ihm nicht.

„Wenn er wirklich so perfekt wäre, dann hätte er diese Diskussion nicht vor der Gruppe angefangen", bemerkt Sabine verärgert, als Marcel schon außer Hörweite war. Dann besinnt sie sich und gibt uns kurz Auskunft über die Abfahrt: „Heute fahren wir alle Neun mit Marcel im Bulli bis zur Fähre nach Þorlakshöfn. Der Honda steht jetzt für die nächste Gruppe zur Verfügung, solange wir auf den Westmännerinseln sind."

„Das kann ja eine heitere Weiterfahrt werden" flüstert mir Andy zu und verdreht entnervt die Augen.

„Marcel wird sich schon wieder beruhigen und ansonsten erinnern wir ihn daran, dass wir hier im Urlaub sind", beruhige ich die anderen Mädels.

Pia kommt auf uns zu: „Tja meine Lieben, mit warm duschen, Brot toasten, Kaffee oder Tee kochen ist heute nichts. Auf dem gesamten Campingplatz ist der Strom ausgefallen und es sieht momentan nicht so aus, als würde das Problem zeitnah gelöst."

„Na, dann nichts wie weg hier! Hoffentlich ist die nächste Unterkunft etwas komfortabler, sonst werde ich langsam sauer", schimpft Sandra vor sich hin, als wir unsere Klamotten einpacken.

Es regnet Bindfäden, als wir Vík verlassen. Ein wenig traurig und nachdenklich, blicke ich zurück, aber schon kurze Zeit später freue ich mich auf die Naturschönheiten und Erlebnisse, die noch vor uns liegen.

Es fühlt sich ganz schön beengt an, wenn man zu zehnt im Bulli sitzt. Wir sind noch gar nicht weit in Richtung Þorlakshöfn gefahren, als wir einen wunderbaren Zwischenstopp einlegen. Marcel fährt auf den Parkplatz an einen der schönsten Wasserfälle Islands, den Skógafoss.

„Wow, das ist ja ein herrliches Schauspiel", hören wir Pia schwärmen, die schon vorgelaufen ist. Sabine begibt sich mit dem letzten Teil der Reisegruppe zum Skógafoss und will gerade damit beginnen, ein paar interessante Fakten zu diesem fantastischen Naturschauspiel zu berichten, als Marcel ihr das Wort abschneidet und sie mit seiner vollen tiefen Stimme übertönt.

„Ich habe ja vorhin im Auto schon angekündigt, dass wir auf dem Weg zur Fähre einen kurzen Abstecher zu einem der schönsten Wasserfälle Islands unternehmen. – Der Skógafoss entspringt auf dem Hochlandpass Fimmvörðuháls zwischen den beiden Gletschern Eyjafjallajökull und Mýrdalsjökull und bekam seinen Namen durch den kleinen Ort Skógar, der hier in unmittelbarer Nähe liegt. Er ist ca. 25 Meter breit und die Wassermassen stürzen sich aus einer Höhe von über 60 Metern nach unten. Wir haben zwar großes Glück, dass es nicht mehr regnet, aber auch etwas Pech, dass der Himmel immer noch mit Wolken verhangen ist. Wenn jetzt die Sonnestrahlen auf das flache Auffangbecken, in das das Wasser rauscht, fallen würden, könntet ihr einen farbenprächtigen Regenbogen sehen und natürlich im Bild festhalten."

„Es macht mich fast sprachlos, vor diesem herrlichen Wasserfall zu stehen. Ich kann mir zwar vorstellen, dass es mit Sonnenstrahlen noch schöner ist, aber die gigantische Kraft des Wassers und gleichzeitig seine sanfte Schönheit, wie der Skógafoss in die mit einem saftigen Grün überzogenen Felsen integriert ist, jagen mir freudige Schauer über meine Haut", hören wir Kerstin I schwärmen.

Während die Hälfte der Gruppe über eine auf der rechten Seite des Skógafoss' befindliche Treppe am Felsen hochsteigt, um von oben auf die Ehrfurcht gebietenden Wassermassen und die Umgebung zu schauen, weiß Marcel denjenigen, die weiter zuhören wollen, eine kleine Anekdote aus der Vergangenheit zu berichten.

„Der Legende nach hat ein Siedler namens Þrasi, der vor vielen Jahren in Skógar lebte, eine große Kiste voll von den edelsten Schätzen aus purem Gold, hinter dem Wasserfall versteckt. Einige Zeit später entdeckte ein junger Knabe die Schatzkiste und versuchte, sie hinter dem Wasserfall hervorzuziehen. In dem Moment, als er den rechten ringförmigen Griff der Kiste zu fassen bekam, verschwand sie wieder und der Bursche hatte nur noch den Griff in der Hand. – Ich schwöre, dass ich die reine Wahrheit spreche, denn zum Beweis dafür, dass die Goldkiste existiert, wurde der ringförmige Griff ehrenvoll an der Kirchentür in Skógar angebracht und erfüllt das dortige Heimatmuseum mit großem Stolz."[16]

„Marcel, du bist ja ein richtiger Entertainer! Was du dir für tolle Geschichten einfallen lässt, alle Achtung!" Conny lächelt ihn verschmitzt an.

„Nein, nein, die Geschichte stammt wirklich nicht von mir. Dort vorn auf der Schautafel kannst du sie in Kurzform nachlesen. Es ist die reine Wahrheit. Ja und die Leute haben früher geglaubt, wenn die Sonne auf den Skógafoss scheint und die Regenbogenfarben und das Glitzern zu sehen ist, dass es sich dabei um den verschwundenen Schatz von Þrasi handelt."

Conny, die sich nicht ganz so auf Mystik und derartige Geschichten einlassen kann, sagt dazu mit einer hochgezogenen Augenbraue ein lang gezogenes: „Okay!"

Zur vereinbarten Zeit haben sich alle wieder am Kleinbus eingefunden und unsere Fahrt geht weiter.

Sabine ist sehr bemüht, ihre Verärgerung, die durch Marcels Verhalten entstanden ist, zu überspielen, aber es fällt ihr nicht leicht. Ihre Augen strahlen Kampflust aus, aber sie nimmt sich sehr zusammen und geht zur Tagesordnung über: „Falls ihr irgendwann wieder nach Island kommt und auf die Westmännerinseln reisen wollt, gibt es auch eine Flugverbindung vom Bakki - Airport nach Heimaey. Die Strecke ist wesentlich kürzer. Man benötigt nur ca. fünf bis zehn Minuten, aber der Flug ist im Vergleich zur Fährüberfahrt wesentlich teurer. Unsere Überfahrt wird knapp drei Stunden dauern."

„Der Flug ist wirklich eine gute Alternative, besonders für Menschen, die leicht seekrank werden. Der Nordatlantik ist dafür bekannt, dass seine Wellen häufig etwas höher und kräftiger ausfallen, als wir es mitunter gewöhnt sind", ergänzt Conny.

„Ich hoffe, dass diejenigen unter euch, die zur Seekrankheit neigen, Medikamente dabei haben! Ich hatte es extra in meiner E-Mail, die ich zur Vorbereitung auf diese Reise an euch alle versendet habe, erwähnt. Ich selbst greife gern zu alternativen Heilmitteln, d.h. ich habe ein paar Globuli dabei. Falls jemand von euch Bedarf hat, kann er sich nachher gern welche von mir abholen."

„Das ist echt nett von dir, Sabine. Ich komme gern darauf zurück", antwortet Sandra. „Da ich mich erst wenige Tage vor Abflug für diese Reise entschieden habe, sind meine Vorbereitungen etwas zu kurz gekommen und ich habe die Reisetabletten tatsächlich vergessen."

Glücklicherweise ist die beengte Bullifahrt nun vorbei und wir sind damit beschäftigt, unsere Rucksäcke aus dem Kleinbus herauszubefördern. Marcel hat das Auto aufgesperrt und sieht mit verschränkten Armen, neben dem Wagen stehend zu, wie wir uns abmühen. „Du bist ja wirklich ein Gentleman, Marcel", raunt Kerstin II ihm etwas verärgert zu.

„Ihr seid doch starke Frauen und so loyal zu euerm Tourguide. Vielleicht mag sie euch ja unterstützen."

„Das ist unglaublich Marcel, was du hier für eine Show abziehst. Glücklicherweise gehst du ja bald in den Urlaub und kannst dich in Deutschland etwas erholen", kann sich Sabine nun doch nicht verkneifen, zu erwidern.

---

[16] Infotafel vor Ort

Die Worte prallen von ihm ab und er entfernt sich ein paar Schritte vom Auto, um sich eine Zigarette anzuzünden.
Da wir ein Superteam sind, helfen wir uns gegenseitig und lassen Marcel am Kai in Þorlakshöfn zurück. Es macht mich etwas betroffen, wie Marcel reagiert hat. Normalerweise gehört er einem Team an, das uns den Urlaub verschönen soll. Vielleicht ist er ein sehr einsamer Mensch? Das erweckt bei mir eher Mitgefühl, als Verachtung. Die Mädels um mich herum sind zum großen Teil ganz anderer Meinung.

Unsere Fähre Herjólfur verlässt bereits den Hafen und wir halten gespannt Ausschau, ob wir vielleicht das Glück haben, einen Wal zu erspähen. Sabine hat berichtet, dass in den vergangenen Tagen mehrmals Orcas von Fischerbooten aus gesichtet wurden. So stehen wir erwartungsvoll auf dem Oberdeck und suchen die Wasseroberfläche ab. Spätestens in dem Moment, als wir das Hafengebiet verlassen und auf das offene Meer hinausfahren, sind die letzten von uns zu der Überzeugung gelangt, dass es sehr ratsam ist, doch noch ein Medikament gegen Reiseübelkeit einzunehmen. Die Wellen schaukeln das Schiff wie eine Nussschale hin und her, so dass es nicht gerade einfach ist, sich auf zwei Beinen vorwärts zu bewegen. Vorsorglicherweise gibt es ausreichend Griffe und Geländer auf der Fähre, die dem aufrechten Gang sehr dienlich sind. Die Außentemperaturen können unserem Empfinden nach nicht viel über zehn Grad Celsius liegen, wenn überhaupt und der Fahrtwind gemischt mit dem tatsächlichen Wind tut sein übriges, so dass es nur für die Eisenharten möglich ist, sich längere Zeit im Außenbereich des Schiffes aufzuhalten. Da heute verhältnismäßig wenige Passagiere auf der Fähre sind, haben wir die Möglichkeit, uns im vom Wind und Wetter geschützten Aufenthaltsraum im Mitteldeck auszubreiten. Die ersten Reisenden befinden sich bereits in der Horizontale, als ich als eine der letzten unserer Gruppe den Raum betrete und mich zu Andy geselle. „Orcas oder andere Meeressäugetiere habe ich zwar keine gesehen, aber die Insel Heimaey kann man schon gut erkennen." Mit diesen Worten stupse ich sie an. Andy legt die Kopfhörer ihres iPods ab und schaut gespannt in Richtung der nicht mehr weit entfernten Felsen.
„Hey, das ist ja klasse! - Sag einmal Gudrun, hast du vielleicht Lust dazu, auch weiterhin mit mir das Zimmer zu teilen? Ich finde, das passt ganz gut mit uns. So richtig merke ich gar nicht, dass du viel älter bist als ich. Hm?"
Meine Augen strahlen vor Freude als ich antworte: „Nichts lieber als das. Ich finde auch, dass das mit uns ganz gut passt. Ich unterhalte mich gern mit dir, wir haben eine ähnliche Wellenlänge und wissen dadurch auch, wann der Andere seine Ruhe haben möchte und wir haben ähnliche Vorstellung von Ordnung. Mit anderen Worten, ich mag dich sehr gern und teile ebenso gern alle noch auf dieser Reise vorkommenden Zimmer mit dir."
Zufrieden fallen wir uns in die Arme, als wir gerade die Insel Heimaey ein Stück umrunden, um die Hafeneinfahrt zu erreichen.

Malerisch wirken die steil abfallenden, von Seevögeln bewohnten Felsen im Kontrast zum türkis-blauen immer wieder aufschäumenden Wasser.

Die Einfahrt in den Hafen von Heimaey ist beeindruckend. Auf der einen Seite ragen steile zerklüftete Felsen empor und auf der anderen Seite schaust du auf einen Teil der Häuser von Heimaey, die am Horizont von den beiden Vulkanbergen Eldfell und Helgafell gesäumt werden und auf die riesigen Lavafelder davor. Der Himmel ist durchgehend bewölkt, aber die Sonne, die dahinter verborgen ist, bringt einen Teil der Wolken zum Leuchten. Ein paar sehr tief hängende Wolken verhüllen die rotbraunen Spitzen der beiden Vulkane auf geheimnisvolle Weise. Es ist eine raue Schönheit, die uns hier begrüßt und mich sofort in ihren Bann zieht.

Wir verlassen die Fähre Herjólfur und es fühlt sich erst einmal sehr gut und beruhigend an, wieder festen Boden unter den Füßen zu spüren. Ganz freundlich werden wir von unserer Gastgeberin Margot im schwäbischen Dialekt begrüßt, die uns zusammen mit ihrem isländischen Ehemann am Kai begrüßt. Die beiden sind mit einem Kleintransporter vor Ort und werden unser Gepäck zum Gästehaus befördern.
„Wenn einer von euch mitfahren möchte, kann er gern im Auto Platz nehmen. Es ist aber nur eine kurze Strecke zu laufen und Sabine zeigt euch sicherlich den Weg."
Sabine lacht, winkt uns zu und sagt erklärend: „Margot stammt aus der Nähe von Stuttgart und lebt schon seit über 20 Jahren auf den Westmännerinseln. Sie ist eine Seele von Mensch und eine ganz liebenswerte Gastgeberin. Lasst Euch überraschen!"
Die Einzige, die diese Mitfahrgelegenheit annimmt, ist die stille Renate. In diesem Zusammenhang fällt mir auf, dass ich mit ihr so gut wie noch kein Wort gewechselt habe. Sie ist sehr in sich gekehrt und sucht kaum den Kontakt zu der Gruppe. Alles,

was ich bisher von ihr erfahren habe, ist, dass sie sich in Süddeutschland beruflich mit Informatik beschäftigt.
Im Handumdrehen fährt das Auto mit dem Gepäck und Renate davon und meine Aufmerksamkeit ist wieder bei der Gruppe, die sich langsam in Bewegung gesetzt hat. Sabine ist schon fast nicht mehr zu sehen, als die Letzten von uns das Hafengebiet verlassen.
Fasziniert schaue ich auf die originellen Hinweisschilder, die mir zuerst begegnen. Lundiköpfe zeigen pfeilartig die verschiedenen Richtungen an.

„Ich bin sehr froh darüber, auf Schusters Rappen unterwegs zu sein. Auf diese Weise erkunden wir gleich ein wenig von der neuen Umgebung", sagt Sandra.
„Schaut mal die bunte Häuserreihe! Das muss ich gleich im Bild festhalten."

Begeistert laufen wir durch den Ort Heimaey, der genauso wie die Insel heißt und nehmen alles begierig auf, was sich unseren Sinnesorganen bietet. Auf der einen Straßenseite ragt beispielsweise ein Walfischschwanz aus dem Gras, der aussieht wie eine Sitzbank und in dem Vorgarten eines kleinen Hauses liegen riesige Teile vom Skelett eines Wals, wo in Deutschland wahrscheinlich eher Gartenzwerge oder Kunsthandwerk stehen würde.

„Hier wirkt alles ganz anders als das, was wir bisher auf dem Festland gesehen haben. – Ich bin gespannt, was wir in den nächsten Stunden und Tagen über diesen interessanten Ort erfahren werden", geht es mir durch den Kopf.

„Schau mal Gudrun, dort vorn verschwinden alle Mädels in einem sehr hübschen kleinen Haus. Ich glaube, wir sind schon angekommen. Jetzt sollten wir zusehen, dass wir ein nettes Zimmer ergattern", ruft mir Andy zu und schon beschleunige ich, wie nach einem Zauberspruch, meine Schritte.

Als ich das Haus betrete, schleppt Andy ihr Gepäck schon die Treppe hinauf und ich folge ihr spontan. „Mein Gott, was für ein Glück! Das ist ja hier Luxus pur im Vergleich zu dem, was wir in Vík vorgefunden haben", sprudelt es aus Andy heraus und wir freuen uns, wie die kleinen Kinder. In Margots Gästehaus gibt es nur Ein- und Zweibettzimmer über zwei Etagen verteilt. Außerdem finden wir neben einem ganz passablen Badezimmer und zwei Toiletten einen großen Aufenthaltsraum mit Kamin und einer offenen Küche vor.

„Wow, jetzt geht es uns aber so richtig gut!", höre ich die lustige Kerstin im Zimmer nebenan schwärmen. Sabine schaut um die Ecke und genießt es, dass wir uns so freuen. „Das ist noch nicht alles. Wir dürfen den schönen Garten mit allen Bänken, Tischen, dem Grill und selbst das Gartenhäuschen nutzen."

Ich bin sprachlos vor Freude und habe nur noch ein Dauergrinsen im Gesicht. „Wenn die Betten - mein Gott, richtige Betten sind das - gleich fertig sind, gehen wir Einkaufen und dann nutzen wir doch gleich den Grill im Garten oder", schlage ich spontan vor. Die Antwort von verschiedenen Seiten ist ein zustimmendes Gejohle. Kurz darauf stellen wir eine Einkaufsliste zusammen und organisieren, wer von uns welche Aufgaben übernimmt. Das klappt erwartungsgemäß gut und schon stehe ich mit Andy und Conny im Supermarkt und belade eifrig unseren Einkaufswagen.

Weil alle Mädels mithelfen, stehen nicht einmal zwei Stunden später leckere Salate, diverse Soßen zum Dippen und Brote auf dem nett gedeckten Tisch und ein verführerischer Grillduft schlängelt sich vom Garten bis ins Haus. Wir haben uns für feines isländisches Lamm entschieden und schleichen schon erwartungsvoll um den Grill, der von Sandra und Conny bewacht wird.

„Hm, schmeckt das lecker", lobe ich die Grillmeister kurze Zeit später, „ganz zart und super gewürzt. Ich bin so dankbar, dass wir jetzt gemütlich bei angenehmen Temperaturen im Garten sitzen und so herrlich genießen können." Von allen Seiten macht sich schmatzende und schlürfende Zustimmung bemerkbar. Die Stimmung ist gelöst und wir sind durchweg zufrieden.

Nachdem wir unser leckeres Mahl beendet haben, erhalten wir von Sabine interessante Informationen über die Insel und über die nächsten Unternehmungen. „Heimaey ist mit 13,4 km² die größte und einzig ständig bewohnte Insel der Westmännerinselgruppe, sozusagen die Hauptinsel. Es sind insgesamt 15 Inseln, die diese Gruppe bilden, die ca. 15 km von der Südküste Islands entfernt liegen. Die Menschen leben hier immer noch hauptsächlich vom Fischfang und dessen Verarbeitung. Ihren etwas ungewöhnlichen Namen hat die Inselgruppe den Kelten, die hier vor langer Zeit gelebt haben sollen und die die Isländer „Männer aus dem Westen – Vestmannaeyjar" nennen, zu verdanken. Durch Ausgrabungen erwiesen ist jedoch nur, dass auf den Westmännerinseln bereits vor der Landnahme Islands Menschen gelebt haben. Woher sie kamen, ist nicht eindeutig belegt.[17]

Eine andere Legende besagt, dass diese ersten Männer aus dem Westen irische Sklaven gewesen sein sollen: Im Landnámabók (Landnahmebuch) gibt es Aufzeichnungen darüber, dass Hjörleifur Hróðmarsson, der Halbbruder des ersten Siedlers Ingólfur Arnarson, sich mit seiner Familie und seinen irischen Sklaven südlich des Mýrdalsjökull an der Küste niedergelassen hat. Das ist in der Zeit der Landnahme, also zwischen 870 und 930 geschehen. Dieser Ort trägt heute seinen Namen und heißt Hjörleifshöfði. Die irischen Sklaven erschlugen Hjörleifur und flüchteten auf die Südisland vorgelagerten Inseln. Ingólfur verfolgte die irischen Sklaven und tötete sie, um seinen Halbbruder zu rächen. Danach erhielt die Inselgruppe nach den Männern aus dem Westen ihren Namen.[18]

„Wie das immer so bei Überlieferungen ist, irgendetwas ist meistens dran und ein weiterer Teil dazu gedichtet, aber zu der letzten Variante gibt es historische Aufzeichnungen", ergänzt Kerstin I.

„Wir befinden uns jetzt gerade in der gleichnamigen Stadt Heimaey. Es ist übrigens der einzige Ort, den es hier gibt. Ungefähr Viertausend Einwohner wohnen auf dieser manchmal sehr unruhigen Vulkaninsel. Heute Abend um 21:00 Uhr habt ihr die Gelegenheit, im Kino der Stadt einen informativen Dokumentarfilm „Die Vulkanoshow" über die Westmännerinseln, ihre Entstehung und den letzten sehr heftigen Ausbruch des Vulkans Eldfell im Jahr 1973, der für die Menschen hier sehr bedrohlich und existentiell war, zu sehen."

„Danke für diese interessanten Infos. Du hast dich offensichtlich intensiv mit der Geschichte des Landes befasst! Ich werde mir den Film auf jeden Fall anschauen." Freundlich lächele ich Sabine an und sie freut sich über mein Lob.

Ob ich mich nach diesem reichhaltigen Mahl bewegen kann, steht noch nicht fest", raunt Kerstin II lächelnd in die Runde und streicht über ihren wohlig gefüllten Bauch.

„Morgen ist eine Ganztagswanderung auf den Eldfell geplant. Margot hat dort eine Überraschung für uns vorbereitet. Ich bitte euch, festes Schuhwerk, am besten knöchelhohe Wanderschuhe und wetterfeste Kleidung zu tragen."

Pia schaut auf: „Ist die Überraschung kulinarischer Natur oder sollten wir lieber genug Speisen und Getränke bei uns haben?"

„Jeder von uns sollte reichlich Wasser und etwas zu essen bei sich haben. Den ersten Teil der Frage habe ich absichtlich überhört, denn es soll ja eine Überraschung sein und möglichst bis morgen bleiben!"

Etwas enttäuscht senkt Pia wieder ihren Blick: „Einen Versuch war es wert, aber sie hat es gleich gemerkt."

Sabine lächelt versöhnlich: „Es ist mit Sicherheit etwas sehr Angenehmes. – Ja und übermorgen, haben diejenigen von euch, die seefest sind, die Möglichkeit, mit einem kleinen Kutter aufs Meer zu fahren und so Gott will, Orcas zu sehen. Dieser Ausflug ist leider nicht in der Reisepauschale enthalten, das bedeutet, dass noch ein paar Kosten auf euch zukommen. Bei Interesse meldet euch bitte nach dem Essen bei mir."

Da ich in der Vergangenheit gute und sehr interessante Erfahrungen beim Whalewatching gemacht habe, melde ich mich sofort begeistert für die Extratour an. Die anderen Mädels reagieren eher zurückhaltend auf die Bootstour und ich hoffe, dass sich wenigstens noch zwei bis drei Leute anmelden, weil der Kutter ansonsten im Hafen bleibt.

---

[17] http://www.island-lexikon.de/Westmaenner-Inseln.html
[18] Krieger aus Feuer und Eis, S.18

Nach dem ausgiebigen sehr leckeren Abendessen sind viele fleißige Hände am Aufräumen, Spülen und Trocknen, so dass binnen kürzester Zeit alles wieder in Ordnung ist und die Gruppe sich langsam zur Vulcanoshow in den Theatersaal des Veranstaltungshauses Félagsheimili begibt.

Ein historischer Dokumentarfilm aus den siebziger Jahren flimmert mit Hilfe einer ähnlich historischen Technik über die Leinwand. Die beeindruckenden Bilder ziehen mich jedoch so in ihren Bann, dass ich das Rauschen und Flackern, des in die Jahre gekommenen Films, fast nicht mehr bemerke.
Ich versuche kurz, das Wesentliche dieses Films wiederzugeben, wenn das durch Worte überhaupt möglich ist:
Ende Januar 1973 musste die Stadt Heimaey binnen kürzester Zeit evakuiert werden, weil der Vulkan Eldfell direkt neben dem Ort, keine 300 Meter von den Häusern der Stadt entfernt, ausgebrochen war. Dort riss eine gewaltige Erdspalte auf und die vernichtende Lava bahnte sich ihren Weg aus dem Erdinneren heraus. Nur zehn Jahre zuvor entstand unweit von Heimaey durch einen gewaltigen Vulkanausbruch mitten im Nordatlantik die Insel Surtsey mit einer Größe von immerhin 1,9 km², aber Heimaey selbst blieb seit Jahrhunderten von der Art heftigen vulkanischen Aktivitäten verschont und es gab auch keinerlei Anzeichen dafür, dass sich daran etwas ändert würde. So waren die Menschen ziemlich überrascht, als kurz nach Mitternacht vom 23. zum 24. Januar 1973 die Lava aus der Erdspalte bis zu 150 m hoch emporschoss.
Da am Vorabend ein heftiger Sturm in der gesamten Region tobte, hatte es sich glücklicherweise ergeben, dass die komplette Fischereiflotte, um Schutz zu suchen, im Hafen lag. Nur dadurch war es möglich, die ganze Bevölkerung der Insel umgehend und vollständig zu evakuieren.
Der Ausbruch des Vulkans dauerte ca. fünf Monate lang. Einen dramatischen Höhepunkt gab es, als die Lavamassen die Hafeneinfahrt bedrohten. Nun begann ein spannender Kampf, ein Wettlauf mit der Zeit, für die Erhaltung der Hafenzufahrt, indem große Wassermassen auf die Lava gepumpt wurden. Glücklicherweise wurde die Temperatur der glühenden Lava durch den unermüdlichen Einsatz der Helfer so schnell heruntergekühlt, dass sie nicht weiter in die Hafeneinfahrt fließen konnte. Das war ein großer Erfolg, wenn auch ein Drittel der Häuser des Ortes zerstört war.
Als sich die Erde wieder beruhigt hatte, war die Insel um zwei Quadratkilometer größer geworden, mehr als hundert Häuser waren unter der Lava verschwunden, die übrigen unter einer meterhohen Schicht aus Asche und Bimsstein verschüttet. Die Einwohner hatten bereits mit dem Wiederaufbau begonnen, bevor der Ausbruch zu Ende war. Die Regierung Islands erklärte den nationalen Notstand. Die Aufräumarbeiten dauerten fast zwei Jahre lang an, dann sah Heimaey noch schöner aus als vor dem Vulkanausbruch, denn die Häuser mussten, nachdem sie ausgegraben waren, nun auch neu verputzt werden."[19]
Nach nun mehr 34 Jahren leben wieder annähernd so viele Menschen auf Heimaey, wie vor dem Vulkanausbruch. Allerdings gibt es immer noch einige Häuser, die unter den Ascheberen verschüttet sind. Sie werden nach und nach ausgegraben. Diese Region am Fuße des Eldfells wird als Pompei Norðursins (Pompeji des Nordens) bezeichnet.
Im Anschluss daran erhalten wir noch ein paar geschichtliche Informationen über Heimaey, u. a. über die ersten Siedler und das große Massaker, das den Menschen

---

[19] http://www.weltbildung.com/island-vulkan-ausbruch.htm

auf Heimaey durch einen Überfall algerischer Piraten bzw. Korsaren im Jahre 1627 viel Leid brachte. Die algerischen Korsaren nutzten die Westmännerinseln, insbesondere Haimaey als Stützpunkt für ihre Raubzüge. Auf Heimaey selbst zündeten sie die Häuser an, so dass der ganze Ort in Flammen stand und ein großer Teil der Bevölkerung dabei auf brutale Art getötet wurde. Junge Frauen und Kinder nahmen sie als Gefangene mit auf ihre Schiffe, um sie später auf dem nordafrikanischen Sklavenmarkt zu verkaufen.[20]

„Wie viel Leid haben die Menschen hier ertragen und verarbeiten müssen", geht es mir durch den Sinn und ich bin sehr betroffen.

Noch ganz von dem Film in Bann gezogen, verlassen die Mädels mit mir zusammen das Kino. Die eine Hälfte der Gruppe geht in Richtung Unterkunft und die zweite Hälfte, zu der ich gehöre, fühlt sich wie magisch von dem Ort Pompei Norðursins und der angrenzenden Hafeneinfahrt angezogen. Nahezu wortlos nähern wir uns dem riesigen Lavafeld, dessen Ausläufer wirklich unmittelbar vor der schmalen Hafeneinfahrt endet. Eine Dauergänsehaut überzieht meinen Körper, als ich das Ausmaß dessen mit eigenen Augen wahrnehme.

---

[20] Die Isländerin von Steinunn Jóhannesdóttir

Hinter der kleinen, fast schwarzen Holzstabkirche, die übrigens nach einem norwegischen Original gebaut wurde, kann man auf unten stehendem Foto gut erkennen, wie nahe die Lava der Hafeneinfahrt gekommen ist.

Der fantastische Sonnenuntergang lenkt unsere Aufmerksamkeit in die andere Richtung und wir nehmen die bizarren Lavagebilde nur noch als schemenhafte Rahmung oder Schattenwesen, eines in sanftes Abendrot getauchten Bildes, wahr.

Gegen 23 Uhr senkt sich das Abendrot soweit nieder, dass nur noch eine leichte Resthelligkeit zurückbleibt. Es ist schon deutlich zu spüren, dass die Nächte wieder dunkler und die Tage allmählich kürzer werden.
Tief beeindruckt verlassen wir diesen immer noch leicht bedrohlich wirkenden Ort und gehen nach diesem ereignisreichen Tag schnell schlafen.

*

Eine ruhige Nacht in einem richtig gemütlichen Bett hat mir und meinem Körper sehr gut getan. Da wir erst um 10 Uhr zur Wanderung mit Margot verabredet sind, konnte ich richtig gut ausschlafen und fühle mich jetzt erholt, frisch und voller Tatendrang.
„Hey, wo hast du nur diese Energie her", ruft mir Andy zu, die gerade ins Bad schleicht.
„Das ist mein Geheimnis", grinse ich sie an „aber vielleicht verrate ich es dir später, wenn wir allein sind."
Pünktlich, wie vereinbart, startet die Gruppe gemeinsam mit Margot vom Gästehaus aus. Sie führt uns zuerst durch den Ort, vorbei am Rathaus, dem gegenüber ein übergroßer Troll aus Stein steht, der mit erhobenen Händen den Geist der Vulkane beschwört, nie wieder Lavamassen auf Heimaey zu schleudern.

Wenige Schritte weiter nähern wir uns heute dem Pompei Norðursins von der anderen Seite, die vom Hafen wegführt. Erschütternde Anblicke zeigen sich uns nun, denn wir schauen direkt auf ein paar Häuser, die aus den Aschebergen herauslugen. Es wurden schon viele Tonnen Lavaasche und -geröll abtransportiert, um soweit zu den Häusern vorzudringen, aber es liegt immer noch sehr viel Arbeit vor den Helfern.

Ich kann die Tränen kaum zurückhalten und spüre einen dicken Kloß im Hals, während wir diese Region durchqueren und als ich mich nach den Anderen umschaue, sehe ich in mehrere stark bewegte Gesichter. Diese stummen Zeugen der Zerstörung stehen vor uns als Erinnerung und Mahnung, wie innerhalb kurzer Zeit das ganz Hab und Gut von einigen Menschen von den Naturgewalten zunichte gemacht wurde. An diesem Ort spürt man die Trauer und Enttäuschung der Menschen, die hier in einer Nacht alles verloren haben sehr deutlich, gerade so, als wären sie anwesend. Ich nehme die schluchzende Andy in den Arm und gemeinsam durchqueren wir den restlichen Teil des Tals der Trauer.

Anschließend geht es hintereinander bergauf. Der bei dem Ausbruch entstandene Feuerberg, der Eldfell ist ziemlich groß und ausladend. Margot zeigt uns die gigantischen Lavafelder und verschiedene Stellen, an denen es immer noch sehr heiß ist und zum Teil entweicht ein nach Schwefel riechender Dampf. Dort zeigt das Gestein oft eine starke Gelbfärbung. Andere Gesteine und durch die Lava hervorgezauberte Gebilde sehen rot, schwarz oder grau aus und haben die unterschiedlichsten Formen. Unserer erst bedrückten Stimmung ist Neugier und Abenteuerlust gewichen. Wir bestaunen und untersuchen Lavahöhlen und -tunnel und entdecken Steine, die in den Regenbogenfarben schimmern. Es ist eine bizarre Zauberwelt, die wir gerade erobern.

Als wir oben auf dem Kraterrand angekommen sind, herrscht ein ordentlicher Wind und wir dürfen nicht zart besaitet sein, um diesen zum Teil recht schmalen Weg bei leichten Böen entlang zu balancieren, denn an manchen Stellen geht es verhältnismäßig steil in die Tiefe.
An der höchsten Stelle des Kraters angelangt, haben wir einen gigantischen Ausblick auf Heimaey und in Richtung Meer, auf weitere kleine Inseln der Vestmannaeyjar.

„Von hier oben kann man noch einmal sehr deutlich sehen, in welchem Maße die Lava den Ort und auch den Hafen bedroht hat. Auch wenn der Eldfell schon sehr stark abgekühlt ist, und zwar so sehr, dass sogar ein nach dem Ausbruch installiertes Fernheizsystem keine Wärme mehr liefert, gibt es aber noch ein paar Stellen, die man wie einen Backofen nutzen kann", lässt sich Sabines Stimme nach langer Zeit wieder vernehmen. „Ja und Margot war so nett, diesen weiten Weg, den wir gerade gelaufen sind, vor ein paar Stunden schon einmal mit der Überraschung zu gehen, die sie in der heißen Lava-Asche und dem Geröll vergraben hat. Und jetzt wird sie die Überraschung gleich lüften."

Gespannt folgen wir unseren beiden Tourguides, setzen uns auf das angenehm warme Gestein und schauen zu, wie Margot eine große Keksdose aus dem Lavageröll freischaufelt. Aus ihrem Rucksack zaubert sie jetzt noch ein Stück Butter, ein Holzbrett und ein Brotmesser hervor.

Nachdem sie ein typisch isländisches Roggenbrot[21] aus der Backdose befreit hat, steigt mir ein leckerer Duft in die Nase, der mich ein wenig an unsere Weihnachtsbäckerei zu Hause erinnert.

„Dieses Brot hat jetzt ca. zwölf Stunden im heißen Lavagestein bei ca. 100° C gebacken. Der Teig ist rasch zubereitet, da er ohne Hefe und ohne Backpulver geknetet wurde. Ich schneide ihn eben in kleine Stücke bzw. Scheiben, die ich noch mit etwas Butter bestreiche und dann könnt ihr es euch schmecken lassen." Freundlich reicht Margot jedem von uns ein bis zwei Stücke davon, die sie liebevoll mit Butter bestrichen hat.

„Das riecht nicht nur lecker, das schmeckt auch so!" Glücklich beißt Pia in die lang ersehnte kulinarische Überraschung, wir Anderen müssen lachen und tun es ihr gleich.

Da die Besteigung des Eldfells eine touristische Attraktion ist, trifft kurz nach uns eine holländische Familie ein. Ein wenig Brot liegt noch auf dem Holzbrett und so bekommen die Wanderer auch eine kleine Kostprobe davon ab. Sehr erfreut und dankbar über den Leckerbissen ziehen sie fröhlich weiter.

Nun beginnt unser Abstieg, der beschwerlicher ist, als wir uns das vorgestellt hatten, denn bei jedem Abwärtsschritt rutscht auch ein Teil des Gerölls unter unseren Schuhen mit und wir müssen aufpassen, dass wir nicht immer wieder auf dem Allerwertesten landen. Der immer noch ziemlich böige Wind erleichtert uns diesen Weg nicht gerade und bringt uns hin und wieder sogar aus dem Gleichgewicht.

Gestern Abend erst haben wir die kraftvolle, zerstörerische Seite der Naturgewalten in dieser Region im Film gesehen und heute laufen wir, nicht ganz ohne Anstrengung, aber mit großer Ehrfurcht, über die Stellen, wo vor 34 Jahren Feuer und glühendes Gestein aus der Erde quoll. Es ist gerade so, als wenn uns die Erde sagen will, dass sie sich noch lange nicht ganz beruhigt hat und dass wir Menschen achtsam mit ihr umgehen sollen.

Seit ich auf dieser Insel bin, fühle ich mich innerlich ziemlich aufgewühlt. Die Wanderung heute war für mich ein sehr tiefgreifendes Erlebnis und hat nicht nur an meinen körperlichen Kräften gezehrt. So beschließe ich, als wir wieder im Gästehaus angekommen sind, mich in die Horizontale zu begeben und ein wenig auszuruhen.

Als ich den Reißverschluss meines Schlafsacks gerade hochziehe und mich wohlig im kuscheligen Bett ausstrecke, öffnet sich die Zimmertür und Andy kommt herein.

„Es beruhigt mich zu sehen, dass du jetzt auch kaputt bist. Ich hatte schon geglaubt, dass du die Energie ohne Pause gepachtet hast, während ich hier ziemlich erschöpft bin und das, obwohl ich deine Tochter sein könnte."

Ich setze mich auf und schaue ihr sehr ernst, aber freundlich in die Augen: „Du hast bestimmt Recht, wenn du glaubst, dass ein jüngerer Körper von Natur aus kraftvoller und energetischer als ein älterer ist, aber das, was wir hier erleben, geht weit über unser Verständnis bzw. die normale Vorstellungskraft hinaus."

„Wie meinst du das?"

„Ich bin davon überzeugt, dass es kein Zufall ist, dass wir diese Reise machen. Ich spüre ganz deutlich, dass ich irgendeine Verbundenheit mit diesem Stück Erde hier habe. Ich weiß allerdings nicht, was es genau ist, aber es wühlt mich einerseits total auf und erschöpft mich gleichzeitig und es fühlt sich manchmal gut und manchmal ganz furchtbar an. – Außerdem haben wir beide wahrgenommen, dass wir nicht zufällig hier zusammen sind oder besser gesagt; es ist uns zugefallen und wir haben es erkannt und dankbar angenommen."

---

[21] Rezept für das isländische Roggenbrot im Anhang

Andys Gesichtsausdruck verändert sich und wird ganz weich. „Mir machen diese starken Energien hier auch ganz schön zu schaffen. Ich hatte gehofft, meine Probleme in Deutschland zurück zu lassen, aber sie holen mich gerade ziemlich heftig ein und lassen mich nicht zur Ruhe kommen. Offensichtlich muss ich etwas in meinem Leben grundsätzlich ändern. ..."
Und so kam es, dass wir ein langes tiefgreifendes Gespräch geführt haben, das uns sehr bewegt und uns ein paar intensive Erkenntnisse gebracht hat.
„Danke, liebe Andy, dass du dich mir gegenüber so öffnen konntest. Ich sehe das als großen Vertrauensbeweis an!"
Glücklich lächelnd nehmen wir uns in die Arme und gehen gemeinsam in den Garten, aus dem uns schon wieder ein leckerer Grillgeruch entgegenströmt. In der Zwischenzeit ist es Abend geworden und wir lassen diesen intensiven, besinnlichen Tag ruhig ausklingen.

*

In der vergangenen Nacht habe ich trotz des harmonischen Tagesausklangs recht unruhig geschlafen. Glücklicherweise steht heute erst ab 13 Uhr etwas auf dem Programm und zwar die Bootstour, auf der wir hoffentlich ein paar Orcas erspähen werden. Neben unserem Tourguide Sabine und mir haben sich noch Pia, Sandra, Conny und Renate dafür angemeldet.
Eine warme Dusche und ein kleines Frühstück helfen mir, wieder richtig auf die Beine zu kommen und so beschließe ich, mir einmal ganz in Ruhe, den Ort mit Kirche und Friedhof anzuschauen. Von den Anderen möchte keiner mitkommen, weil sie zum Teil keine Lust dazu oder schon alles angesehen haben. So begebe ich mich also mit meinem Fotoapparat ausgerüstet auf den Weg zur Kirche. Ich finde eine hübsche, kleine, weiße, typisch isländische Kirche vor. Diese ist wieder mit einer gewölbten, himmelblauen Decke versehen, die in viele kleine Quadrate unterteilt ist, in denen sich jeweils ein weißer Stern befindet. Unter so einer azurblauen Decke fühle ich mich richtig geschützt und geborgen. Wahrscheinlich geht es anderen Menschen ähnlich.

Für ein paar Augenblicke setze ich mich hier in die vordere Bankreihe und versuche, in die innere Stille zu gehen. Irgendwie will mir das gerade jetzt nicht gelingen und so trete ich kurze Zeit später wieder aus dem Gotteshaus hinaus und fühle mich magisch von dem weißen Eingang des Friedhofes angezogen, der sich auf der gegenüberliegenden Straßenseite befindet.

Meine Knie zittern leicht, als ich die kleine weiße Pforte, die aus Metallstäben besteht, öffne und mich überströmt ein ganz eigenartiges Gefühl, das ich noch nicht kenne. Wie ferngesteuert setze ich einen Fuß vor den anderen. Auf der linken Seite sehe ich zwei junger Männer, die ein Grab ausheben. Mir läuft ein kleiner Schauer über den Rücken.

Als ich kurz danach an den Reihen der Gräber entlang gehe, springt mir immer wieder mein eigener Name ins Gesicht. Die Isländer schreiben und sprechen ihn ein wenig anders: **Guðrún**. Ich glaube, dass hier ganz viele Guðrúns liegen und dann macht sich ein Druck auf meinem Brustkorb breit und ich fühle, dass dieser Ort hier etwas mit mir zu tun hat. Immer wieder sehe ich den Namen und mir wird ganz schwindelig, so dass ich mich auf einer Bank ausruhe. Sitzend schließe ich die Augen und dann sehe ich sie vor meinem geistigen Auge: *Guðrún - mit langen roten Haaren und einem grünen Kleid.* Da ich ein sehr mental geprägter Mensch des 21. Jahrhunderts bin, meldet sich sofort mein Verstand und sagt: „So ein Quatsch! Das kann nur eine Halluzination sein. Steh auf und verlasse diesen Ort!" Aber etwas an diesem Ort ist stärker als die Kraft meines Verstandes, entzieht mir Energie und ich bin momentan nicht dazu in der Lage, aufzustehen. Meine Augenlider senken sich erneut *und ich sehe ganz viel Blut und Gewalt. Wehrlose Menschen werden getötet, ja hingerichtet, Frauen werden vergewaltigt und geschlagen, mein grünes Kleid ist zerrissen und voller Blut.*

Jetzt spüre ich etwas an meiner Schulter und schrecke zusammen. Mit vor Angst aufgerissenen Augen blicke ich in das Gesicht des Totengräbers, der sich offensichtlich Sorgen um mich gemacht hat und an der Schulter antippt, weil ich nicht reagiert habe. Glücklicherweise bin ich jetzt wieder in der Lage, mich zu sammeln, entschuldige mich erst auf deutsch und dann auf englisch, weil ich die isländische Sprache nicht beherrsche. Der junge Mann schaut mich zweifelnd an, sagt etwas, was ich nicht verstehe und geht erst dann wieder an seine Arbeit, als ich mich erhebe und in Richtung Ausgang eile.

So schnell es mir in diesem Moment möglich ist, entferne ich mich von diesem Ort.
„Mein Gott, was war das denn jetzt wieder?" Ich kann nicht verstehen, was mir gerade widerfahren ist und es irritiert mich sehr. Ich fühle mich total erschöpft und ausgelaugt, als ich wieder in Margots Gästehaus ankomme. Da die Anderen beschäftigt sind, verschwinde ich wortlos in unserem Zimmer, lege mich ins Bett und versuche, etwas Ruhe zu finden.
Kurze Zeit später höre ich Conny und Sandra rufen: „Gudrun, kommst du, der Kahn fährt bestimmt nicht ohne dich los!"
Mit einem matten Lächeln antworte ich: „Bin schon fast unterwegs. Wartet ihr noch einen Augenblick auf mich?"
„Ja, machen wir, aber beeile dich bitte, es ist schon kurz vor eins."
Geschwind streife ich meine warmen Sachen über, greife den Fotoapparat und schon sind wir auf dem Weg zum Hafen.
Noch immer etwas von den Ereignissen benommen, halte ich kurz inne und starre geradeaus. „Jetzt kneif mich mal oder siehst du dort auch ein Schiff mit dem Namen „Guðrún" im Hafenbecken liegen?"
„Auwah!"
Nachdem Sandra mich inbrünstig in den Arm gekniffen hat, erwidert sie: „Ach doch, jetzt sehe ich's auch, wenn du das etwas in die Jahre gekommene, blau-gelbe Schiff

dort drüben meinst. – Hätte nicht gedacht, dass die Isländer ihre Schiffe nach dir benennen. – Unser Schiff ist übrigens dieses hier. Es ist etwas kleiner als die Guðrún."

„So wörtlich hättest du das mit dem Kneifen nun auch wieder nicht nehmen müssen", entgegne ich mit gespielter Entrüstung und wir lachen beide noch, als wir das für unsere Tour bestimmte Boot, das nicht größer als ein kleiner Fischkutter ist, besteigen.

Bug und Heck des Schiffes sind offen. Im Heckteil, also hinten, befinden sich Bänke, auf denen wir Platz nehmen. Wir sechs Mädels mit Margot und Sabine sind die einzigen Fahrgäste bei dieser Whalewatchingtour. Der mittlere Teil des Schiffes ist überdacht, so dass man sich bei feuchtem Wetter zurückziehen und schützen kann.

Langsam bewegt sich das kleine Schiff zum Hafenausgang in Richtung Meer. Um gut sehen und fotografieren zu können, postiere ich mich ähnlich einer Galionsfigur im Bug des Schiffes. Sandra, Conny und Margot folgen. Heute ist es verhältnismäßig windstill und vom Hafen aus macht das Meer einen eher ruhigen Eindruck.

Aber was ist das? – Kaum, dass das Schiff den Hafen verlassen hat, schaukelt es hin und her, wie eine Nussschale. Der Seegang hier draußen hat es ganz schön in sich und wir müssen uns gut festhalten, um nicht über Bord zu gehen oder zu stürzen. Auch das Fotografieren verlangt einen größeren Balanceakt von mir. Das Schiff legt sich heftig von einer Seite auf die andere.

Sandra sieht Margot vorwurfsvoll an und schon platzt es aus ihr heraus: „Hast du uns nicht versprochen, das heute kein Wellengang ist? Du sagtest, dass der Nordatlantik heute spiegelglatt ist und sich keiner von uns Sorgen machen muss, seekrank zu werden. – Unter diesen Umständen wäre ich nicht mitgefahren. Das ist echt unfair.

Island – in meiner Seele

Hauptsache ist wohl, dass die Einnahmen stimmen und nicht, dass sich die Fahrgäste wohlfühlen?"
Margot schaut etwas schuldbewusst und versucht, Sandra zu besänftigen: „Das tut mir wirklich leid, Sandra. Ich habe meine Informationen aktuell dem Seewetterbericht entnommen. Das war ganz bestimmt keine böse Absicht. Kann ich irgendwie helfen?"
„Ich brauche ganz dringend etwas gegen Reiseübelkeit, sonst hebt es mir bald den Magen aus!" Während Sandra das ausspricht, wird ihr Gesicht immer blasser. Sabine reicht ihr ein paar Globuli, aber es ist offensichtlich schon zu spät und Sandra schwankt in Richtung Toilette. Conny folgt Sandra, um zu schauen, ob sie helfen kann.
Im Moment geht es mir verhältnismäßig gut, aber ich kann Sandras Zustand gut nachvollziehen, da mir es früher auch oft so ergangen ist. In den letzten Jahren hatte ich glücklicherweise weniger Probleme damit. Die Aussicht hier draußen ist wunderschön, zwar ist es frisch, aber die Sonne scheint und ich versuche, die Lundis und andere Seevögel im Foto einzufangen.

Kurze Zeit später schaue ich Sabine etwas benommen an und sage: „Ich glaube, bei mir geht es auch los. Mein Magen zieht sich zusammen und mir wird es ganz komisch. Ich werde mich auf irgendeine Bank legen und hoffe, dass es wieder vorbei geht."
Schweigend sieht Sabine mir nach, als ich zum Innenraum des Schiffes schwanke. Pia sieht mich zuerst mitfühlend an und sagt dann trocken: „Nun sind es schon zwei, die die Bootstour für umsonst bezahlt haben. Du tust mir echt leid. Kann ich etwas für dich tun?"
Ich bin nicht in der Lage dazu, entsprechend zu reagieren. In der Zwischenzeit habe ich mich hingelegt, friere ganz fürchterlich und bete, dass die Fahrt so schnell wie möglich vorbei ist.

„Danke, da kann man nichts tun. Einfach in Ruhe lassen! Es wird erst wieder besser, wenn es nicht mehr schwankt."
In diesem Zustand kann ich mich einfach nicht mehr besonders gut artikulieren.
„So übel war es mir das letzte Mal in meiner Kindheit. – Oh nein, und jetzt muss ich das noch zwei Stunden lang aushalten!" Glücklicherweise muss ich mich nicht, wie Sandra, permanent übergeben, aber mir ist es so übel, dass ich das Gefühl habe, ohnmächtig zu werden. Da die Anderen beschäftigt sind, bin ich jetzt allein und liege zitternd vor Kälte und Übelkeit mit geschlossenen Augen auf der Bank. – *Irgendwie wird auf einmal alles um mich herum sehr dunkel, es riecht unangenehm und ich habe das Gefühl, im Rumpf eines größeren Schiffes zu liegen. Ich sehe mich wieder als diese Frau im grünen Kleid, das ganz schmutzig und kaputt nur noch teilweise meinen zerschundenen Körper bedeckt. Die roten Haare sind von Blut und Schweiß verklebt und ich befinde mich zwischen mehreren vor Schmerz stöhnenden Frauen, die bei dem starken Wellengang am Boden des Schiffes hin und her rollen, da sie keinen Halt finden.*

„Orcas! Viele Orcas!", dringt wie aus weiter Ferne ein Rufen zu mir.

Ich versuche, meinen Oberkörper anzuheben, aber Übelkeit, Schmerz und dieses komische Benommenheitsgefühl hindern mich daran. Ich versuche krampfhaft, einen klaren Gedanken zu fassen, aber es gelingt mir nicht. – *Ich sehe mich immer noch in diesem dunklen schmutzigen Schiffsrumpf. Über mir öffnet sich mit einem knarrenden Geräusch die Luke. Ein kräftiger Mann mit dunklen Haaren und brauner Hautfarbe steigt die Treppe zu uns hinunter, gibt Laute des Abscheues von sich und spricht in einer Sprache, die ich nicht verstehe. Schmerzhaft spüre ich den Tritt seines Stiefels an meiner rechten Körperseite, der mich in die Rückenlage zwingt. Herablassend und angewidert sieht er auf mich herab und ich fühle mich elend und erniedrigt.*
Glücklicherweise hört in diesem Moment das Schiff auf, zu schwanken und ich höre sanfte angenehme Flötentöne. Jetzt gelingt es mir, aufzustehen und ich bin wieder in der Gegenwart. Um mich herum ist es allerdings auch hier dunkel und ich versuche, mich zu orientieren. Mir ist ziemlich schwindelig, als ich den Innenraum des Schiffes verlasse, um zu sehen und zu verstehen, was gerade um mich herum geschieht.
Pia kommt mir als Erste entgegen: „Geht es dir wieder besser, Gudrun?"
„Ein wenig besser geht es, aber wo sind wir denn hier?"
„Das ist wieder eine Überraschung von Margot und dem Kapitän. Wir sind in eine Höhle unter den Klippen, ganz in der Nähe der Hafeneinfahrt, gefahren. Hier ist eine besondere Akustik wahrzunehmen, deshalb spielt Margot mit ihrer Flöte."

Als ich mich langsam umdrehe, schaue ich auf Heimaey direkt durch den Höhleneingang und habe die Hoffnung, dass diese Tortur bald zu Ende geht. Die Flötenmusik kann ich in meinem Zustand wirklich nicht genießen und so gehe ich zurück auf meine Bank und hoffe, vorerst nicht wieder in diese andere Zeit oder Bewusstseinsebene hinein zu rutschen, denn ich habe im Moment keine Kraft mehr.
Nun sind es glücklicherweise nur noch ein paar Minuten, bis wir im Hafen ankommen. Immer noch ganz taumelig auf den Beinen und etwas verwirrt im Kopf verlasse ich das Schiff. Bis auf Conny, Sandra und mir gehen alle ihres Weges. Sandra geht es körperlich deutlich schlechter als mir. Conny klärt mich auf, dass Sandra Diabetikerin ist, d.h. für sie kann ein stundenlanges Erbrechen bedrohliche Auswirkungen auf ihren Körper haben und sie ist verständlicherweise jetzt noch nicht in der Lage dazu, etwas zu sich zu nehmen. Aber zusammen schaffen wir es, ganz langsam bis zum Gästehaus zu gehen. Glücklicherweise ist es ja nicht weit bis dahin.
Andy und die beiden Kerstins bekommen einen Schreck, als wir den Aufenthaltsraum betreten. Sie bieten uns sofort Tee und heiße Brühe an, um unsere Lebensgeister wieder zu wecken.
„Jetzt weiß ich erst recht, wie gut es war, dass ich nicht mitgefahren bin", sagt Andy, die auch dazu neigt, seekrank zu werden.
Sandra hat sich mit Conny zusammen zurückgezogen und ich lehne auch erst einmal alles Ess- und Trinkbare ab, weil mein Magen mir deutlich signalisiert, dass er dazu noch nicht bereit ist.
„Nein, danke, aber im Moment möchte ich einfach nur in mein Bett. Ich friere wie ein Schlosshund, bin ganz zittrig auf den Beinen und fühle mich vollkommen erschlagen."
„Alles klar und gute Besserung", höre ich Andy hinter mir sagen, als ich die Tür schon fast geschlossen habe.
Und wieder schließe ich den Reißverschluss meines Schlafsacks, rolle mich auf die Seite und falle ziemlich schnell in einen traumlosen Schlaf.

Irgendwann später komme ich wieder zu mir und bin dankbar dafür, dass ich vorerst nichts geträumt oder gesehen habe, meine Füße fühlen sich wie zwei Eiszapfen an, aber mein Kopf ist wieder verhältnismäßig klar. Ich blinzele in Richtung Fenster und nehme am tiefen Stand der Sonne wahr, dass es bereits Abend sein muss. Dann richte ich mich zum Sitzen auf, mein Körper, insbesondere mein Kopf schmerzt ein wenig und ich fange an, über das „*Erlebte*" nachzudenken.

Was ist mir heute widerfahren? Verliere ich in Island den Verstand oder erweitert sich gerade mein Bewusstsein um eine Ebene, die mir vorher verschlossen war? Als lebensfroher Optimist entscheide mich spontan für Letzteres. Dann ist es also wahr, dass wir viel mehr sind, als dieser Körper, in dem wir auf der Erde leben! Der buddhistische Glaube hat mich schon lange fasziniert, aber als rational denkender Mensch konnte ich mir das Wunder von der Wiedergeburt nicht so richtig vorstellen. Jetzt habe ich es selbst gesehen bzw. erlebt, dass ich vor vielen Jahren schon mindestens einmal auf der Erde war. Gern würde ich mehr darüber erfahren, und ich hoffe, dass das auch ohne Übelkeit und Schwindelgefühl möglich ist. Wie ich gestern im Film erfahren habe, soll es ja ein paar Sklaven im 17. Jahrhundert gegeben haben, die später für ein Lösegeld in Nordafrika freigekauft wurden und in die Heimat zurückkehren konnten. Vielleicht gehörte Guðrún ja zu ihnen!

Wahrscheinlich war ich schon öfter hier und weiß es nur noch nicht. Deshalb fühle ich mich so stark mit diesem eisigen Land und dieser rauen Natur verbunden. Um diese Ebene von mir zu erwecken, hat mich meine Lebensreise also nach Island geführt. Ich glaube, das Leben wird jetzt erst so richtig spannend. Durch diese, für mich neue Erkenntnis verändert sich sehr viel. Ich muss anfangen, mein Leben vom Kopf auf die Füße zu stellen! Wenn ich wieder zu Hause bin, werde ich schauen, was es für Möglichkeiten gibt, dass mir weitere Einblicke, auch ohne so viel Übelkeit und körperliches Unbehagen gewährt werden.

Nun raffe ich mich auf und schaue nach draußen in den Aufenthaltsraum. Vier neugierige Gesichter schauen mir erwartungsvoll entgegen. „Na, geht es wieder? Wir dachten schon, du schläfst gleich durch bis morgen früh."

Mein noch etwas mattes Lächeln stimmt die Anderen optimistisch. „Mama" Conny serviert mir sofort einen leckeren heißen Tee mit Honig und sagt: „Jetzt hast du endlich wieder etwas menschliche Farbe im Gesicht. Vorhin hast du eher an so eine Art Gespenst erinnert."

Mit gespielter Entrüstung entgegne ich: „Du bist ja heute ganz besonders charmant! Aber dein Tee tut mir unendlich gut. Dieses warme aromatische Getränk lässt mich wieder aufleben!"

Conny freut sich über meine Worte und erkundigt sich: „Wenn du Lust und vor allem die Kraft dazu hast, können wir noch ein paar Schritte dem Abendrot entgegen gehen. Später müssen wir dann packen, denn morgen geht's in aller Frühe zurück aufs Festland."

„Oh nein, bitte nicht schon wieder aufs Schiff!", rufen Sandra und ich, wie aus einem Munde.

Conny schaut uns betreten an. „Sorry, das wollte ich nicht, aber ihr werdet nicht daran vorbeikommen, außer ihr entschließt euch dazu, für immer auf Heimaey zu bleiben."

„Dein trockener Humor macht dich besonders liebenswert oder ist es einfach nüchterner Realismus?" Sandra schaut Conny bei diesen Worten schräg von der Seite an.

Gerade, als Conny etwas erwidern will, schneide ich ihr das Wort ab: „Ich gehe gern mit dir an die frische Luft, denn ich glaube, dass mir das jetzt richtig gut tun wird."

Rasch ziehen wir unsere warmen Jacken an und laufen zu der kleinen dunklen Holzstabkirche, die an der Hafeneinfahrt steht. Dort setzen wir uns auf die erstarrte Lava und reden über Gott und die Welt. Ich finde es wunderbar, dass auch Conny offen über sich und ihrer Gefühle spricht. Dabei geht sie mit sich selbst sehr hart ins Gericht und macht sich viel zu oft schlecht. Sie nennt es Selbstironie. Ich hingegen glaube, dass die meisten Menschen es erst wieder lernen müssen, sich selbst zu lieben und zu achten. Sie ist so ein wertvoller Mensch!
Ich bin sehr froh darüber, dass sich bei dieser Reise recht authentische weltoffene Menschen zusammengefunden haben. Andererseits schätze ich es auch so ein, dass Menschen, die auf Smalltalk aus sind, ganz andere Reisen buchen, als wir.
Ich selbst bringe es im Moment noch nicht fertig, über meine intensiven Erfahrungen von heute sprechen. Ich muss mich erst einmal sortieren, um richtig zu verstehen, was sich da bei mir ereignet hat und vor allem, warum. Außerdem muss ich erst einmal ganz vorsichtig antesten, wer von den Menschen, die mich umgeben, überhaupt Verständnis für so etwas hat. Bevor ich derartige Wahrnehmungen hatte, konnte ich mir auch nicht ohne weiteres vorstellen, dass so etwas möglich ist.
Der kleine Spaziergang an der frischen Luft hat mir sehr gut getan.
„Danke, Conny, dass du so lieb für mich da warst."
Leider kann sie ein Lob nicht so gut annehmen, obwohl ich an ihren Augen ganz genau sehe, dass sie sich darüber freut.
„Das habe ich nicht ganz ohne Eigennutz getan. Außer dir wollte ja keine mit mir an die frische Luft gehen."
Wieder mit einer guten Energie ausgestattet, gehe ich in den Schlafraum, um meine Sachen für die morgige Abreise zusammen zu packen.
Andy liegt auf dem Bett und hat die Kopfhörer ihres MP3-Players im Ohr.
„Na, bist du wieder fit für die nächsten Abenteuer?"
„Hm, schauen wir mal, was noch so geschieht!"
Die Nacht verläuft ruhig und die alten Erinnerungen meiner Seele sind erst einmal wieder zugedeckt worden.

Zum Frühstück esse ich nur wenige leicht verdauliche Happen und nehme gleich vorbeugend ein Mittel gegen Reiseübelkeit zu mir.
Ganz in Gedanken versunken und mit tiefer Dankbarkeit im Herzen schaue ich ein letztes Mal der Hafenausfahrt von Heimaey entgegen.

Wider Erwarten haben wir eine sehr ruhige knapp dreistündige Überfahrt und werden schon von Marcel im Hafen von Þorlakshöfn erwartet, d.h. nein, bis jetzt ist nur der weiße Bulli mit dem NRW-Kennzeichen zu sehen. Das Auto steht mit weit geöffneten Türen auf dem Parkplatz an der Fähre und von Marcel ist weit und breit nichts zu sehen. Wir Mädels beschließen gemeinsam, ihn dieses Mal bei seiner männlichen Ehre zu packen, denn Zeitdruck haben wir nicht und stellen mit hilflosem Blick unser Gepäck hinter dem Fahrzeug ab.
Kurze Zeit später kommt er knurrend angelaufen und räumt schimpfend das ganze Gepäck in den Kofferraum.
„Hallo Marcel, schön, dass du uns abholst. So gut, wie du kann keiner das Gepäck im Auto verstauen", raunt Sabine ihm fröhlich zu.
Offensichtlich fühlt er sich durch dieses vermeintliche Lob gebauchkitzelt und antwortet: „Hi! Ja, das ist auch Grund, warum ich es gemacht habe."
Zuerst fahren wir heute in den kleinen sehr alten Fischer- und Hafenort Eyrarbakki. Hier besichtigen wir eins der ältesten Häuser Islands: Húsið (deutsch: das Haus), das im Jahre 1765 für den dänischen Handelsdirektor errichtet wurde. Das Gebäude steht heute unter Denkmalschutz und wird als Museum genutzt.[22]

---

[22] Infotafel vor Ort

Hier befinden wir uns schon ganz in der Nähe vom Handelszentrum Sellfoss. Da dieser Ort über einen verhältnismäßig großen Supermarkt verfügt, stocken wir unsere Vorräte für die nächsten drei Tage auf.

Unser nächstes Ziel führt uns weg vom Meer ins Landesinnere, nach Laugarvatn. Unterwegs halten wir noch an dem mit Wasser gefüllten ca. 6500 Jahre alten Krater Kerið. Er gehört zur Kraterreihe Tjarnarhólar, die ihrerseits zum Eruptionsgürtel im Reykjanes–Langjökull–Gebiet zählt. Der Kratersee ist 55 m tief, das Oval misst 270m mal 170m.[23] Dieser See ist sehr eindrucksvoll und so wandern wir einmal rundherum und machen Fotos.

Marcel ist schon wieder entnervt und meckert vor sich hin, als wir am Fahrzeug ankommen.

Während wir einsteigen, kann die sonst sehr ruhige Kerstin I nicht mehr an sich halten und fragt unseren Fahrer: „Hat dir zufälligerweise schon mal jemand gesagt, dass wir hier unseren Urlaub verbringen?"

Daraufhin reißt sich Marcel etwas zusammen und versucht sogar, uns auf der restlichen Fahrt mit lustigen Trollgeschichten zu unterhalten.

Unsere aktuelle Unterkunft erinnert an ein geräumiges Reihenhaus, wie wir es aus Deutschland kennen. Das Gebäude gehört zur Jugendherberge in Laugarvatn. Andy und ich teilen uns wieder ein Zimmer, richten uns gemütlich ein, erkunden den kleinen Ort und dann nehmen wir das Beste, was das Haus zu bieten hat, in Beschlag, den hauseigenen Hotpot.

---

[23] Infotafel vor Ort

Heute hat Conny eine Pechsträhne. Sie hat eine Stufe der Holztreppe verpasst und ist hinuntergestürzt. Glücklicherweise hat sie sich nicht ernsthaft verletzt, aber die Beine sind mit blauen Flecken übersät und der linke Fuß schmerzt beim Auftreten. Deshalb beschließt sie, nicht mit uns in den heißen Pot zu steigen, und stattdessen das Bein zu kühlen, aber sie reicht Andy, Pia, Sandra und mir ein paar leckere Getränke, die sie uns als Überraschung gemixt hat.

Im Ort Laugarvatn (deutsch: warmer Quellensee), der am gleichnamigen See liegt, gibt es die älteste natürliche Dampfsauna Islands, ein paar Hotels, ein Schwimmbad, eine alte Taufstätte, eine Jugendherberge, einen ganz interessanten Kunstgewerbeladen, herrliche Wassersport- und Wandermöglichkeiten.
Der heutige Tag steht hauptsächlich im Zeichen von Ankommen, Ausruhen, Entspannen, Wunden kühlen und Kraft für die nächsten Abenteuer sammeln. Morgen in aller Frühe wird der Herbergsvater mit seinem Hochland tauglichen Jeep eine Tour mit uns unternehmen. Damit kommen wieder ein paar Extrakosten auf uns zu, aber mit einem normalen PKW oder Kleinbus kann man die unbefestigten, teilweise vereisten Wege nicht fahren, so dass es durchaus seine Berechtigung hat, einen ortskundigen Guide mit dem entsprechenden Fahrzeug zu engagieren. Hin und wieder muss man sogar kleine Wasserläufe durchfurten. Der Preis bezieht sich auf das komplette Auto, d.h. je mehr Personen mitfahren, desto günstiger wird es für den Einzelnen. Von unseren Mädels wollte sich keine diese Tour entgehen lassen, selbst die fußkranke Conny ist dabei.
Wir verbringen noch einen wunderschönen und harmonischen Abend mit gegrilltem Fisch und ein paar alkoholischen Getränken, Musik hören, netten Gesprächen führen und Tagebuch schreiben, und gehen verhältnismäßig zeitig schlafen.

*

Pünktlich zur vereinbarten Zeit steht unser isländischer Herbergsvater und Jeepdriver Björn mit seinem schneeweißen Gefährt mit den großen widerstandsfähigen Rädern vorm Haus, lässt uns in Ruhe einsteigen und los geht die Tour ins Hochland. Schon wenige Kilometer nach Laugarvatn endet die befestigte Straße. Wir fahren bereits etwas länger als eine Stunde durch Geröllfelder bergauf. Hin und wieder sehen wir, wie sich eisenharte Biker mit ihren aufgeschulterten Rucksäcken die unbefestigten Wege entlang kämpfen und manchmal begegnen wir auch Touristen, die es doch mit einem normalen PKW versuchen, das Hochland zu durchqueren. Ein Radwechsel ist das Geringste, was einem dabei widerfahren kann.

Wir haben ausgesprochenes Glück mit dem Wetter und so scheint die Sonne direkt auf den Gletscher Langjökull, der zwischen zwei Bergen wie gleißendes Silber eingebettet liegt und somit einen wunderschönen Anblick bietet. Wir brauchen ca. eine Stunde Fahrt, bis wir ihn wieder aus den Augen verlieren.

Die beinahe endlos wirkenden Geröllfahrbahnen und das immer wiederkehrende Furten durch kleinere Flussläufe und andere Gewässer erinnern mich sehr an eine Tour durchs australische Outback, natürlich ohne die Gletscher. Auch hier begegnet man nur ganz selten einem Fahrzeug, außer man kommt in die Nähe von Touristenattraktionen, so wie wir jetzt nach ca. drei und einer halben Stunde Fahrtzeit. Vor uns liegen die Kerlingarfjöll, die Berge der alten Frauen.

Als wir aus dem Hochlandjeep aussteigen, pfeift uns ein eisiger Wind um Nase und Ohren und so ziehen wir das erste Mal während dieser Reise Schal, Mütze und Handschuhe über. Dicke, warme Jacken haben wir ohnehin immer dabei. Das Plateau des Berges, auf dem wir geparkt haben, ist der Ausgangspunkt für unsere Erkundungen. Fasziniert schauen wir über eine farbenprächtige Berg- und Talwelt, in der es kocht, dampft und brodelt. Die meisten Berge sind mit einer rotbraunen, schwarzen und gelblichen Färbung überzogen. Durch die Schneefelder und Gletscher haben sie weißgraue Mützen auf. Wenn die Sonne hin und wieder durch die Wolken schaut, verzaubert sie die Landschaft mit ihren Strahlen so genial, dass man sich vorkommt, wie in einer ganz mystischen Zauberwelt. Ich bin sehr berührt von diesem Anblick.

Unser Tourguide Sabine gibt uns noch ein paar Sicherheitshinweise, „Denkt bitte daran, dass das heiße Wasser, das aus der Erde brodelt, siedend ist und passt auf, wohin ihr tretet! Die Erdoberfläche ist hier ziemlich dünn und zum Teil brüchig. Bleibt bitte auf den markierten Wegen, dann kann Euch nichts geschehen, was ihr vielleicht verhindern wollt. Unter der dünnen Erdkruste befinden sich viele heiße Quellen und Wasserläufe. Also bitte Vorsicht!"

Obwohl es ganz schön steil bergab geht, rennen und hüpfen wir überglücklich und ziemlich aufgeregt den Berg hinunter in die bunte dampfende Hexenküche, als wären wir ausgelassene Kinder. Ein riesiges Glücksgefühl überströmt mich und so schwebe ich förmlich nach unten in das Tal mit dem kleinen Bach und den vielen heißen Quellen. Über die Wasserläufe wurden kleine Holzstege gebaut, damit man problemlos auf die gegenüberliegende Seite gelangen kann. Die Stellen, die besonders heiß sind, zeigen oft eine rote, manchmal eine gelb-weiße Färbung.

„Hey, hier kann man ja gar nichts mehr sehen", höre ich Sandra rufen, die fast vollständig im schwefelhaltigen Dampf verschwunden ist.

„Geh noch ein Stück bergab in Richtung Bach, dort ist die Sicht wieder klar."

Wir haben große Freude in diesem Hochthermalgebiet, die wie eine Offenbarung ist.

Von hier aus können wir einen Teil des Gletschers Hofsjökull sehen. Daneben befinden sich schwarze Berge, die nur teilweise mit Schneefeldern überzogen sind und damit beinahe wie gigantische Orcas wirken.

Hier unten im Tal ist es viel wärmer als oben auf dem Bergkamm, so dass wir die Handschuhe wieder ausziehen. Und ich kann es mir nicht verkneifen, auszutesten, ob der kleine Bach zu meinen Füßen auch heiß ist, denn er dampft nicht.

„Lauwarm!"

„Glück gehabt!", sagt Sabine, die plötzlich hinter mir steht.

Ein wenig fühle ich mich schon ertappt, zeige aber äußerlich keine Reaktion auf den nicht ganz unberechtigten Vorwurf.

Nachdem wir reichlich gestaunt und fotografiert haben, müssen wir den steilen Berg wieder hochkraxeln. Das ist ganz schön beschwerlich und nimmt mehr Zeit in Anspruch als der Abstieg. Ich komme als eine der letzten am Auto an.

Sandra und Conny sind heute in aller Frühe aufgestanden und haben ein Blech voll vom leckersten Apfelkuchen gebacken. Dazu reicht Sabine heißen Tee und wir sind alle rundum zufrieden. Die Mädels sind einfach klasse!

Unser nächster Stopp ist Hveravellír, ein weiteres Hochthermalgebiet mit einem natürlichen Hotpot. Dieses Gebiet ist ebenmäßig und bietet einen Blick auf die verschiedensten zum Teil recht skurrilen Gebilde, die heißes Wasser oder Dampf hervorbringen, teilweise mit ächzenden und pfeifenden Geräuschen, wie diese Fumarole.

Nur die härtesten von uns haben den Mut, in den großen natürlichen Hotpot von Hveravellír, der auf ca. 40° C heruntergekühlt wird, zu steigen. Die Außentemperaturen liegen nicht viel über dem Gefrierpunkt, aber die beiden Kerstins sind unsere Heldinnen und setzen sich gemütlich neben die anderen, bereits im heißen Becken befindlichen Touristen.

„Wenn man einmal im Wasser drin ist, dann geht es einem gut. Nur das Rein- und wieder Rausgehen bzw. dann das Umziehen bei den eisigen Außentemperaturen macht weniger Freude", ruft mir die ruhige Kerstin zu.
„Ich bin stolz auf euch und gehe noch eine Runde spazieren, bis ihr euer Bad beendet habt", erwidere ich und freue mich darüber, noch ein wenig Zeit für mich allein zu haben.

Für meinen Geschmack ist es zu kalt, um sitzend zu warten, also gehe ich noch einmal über das dampfende, heiß brodelnde Gebiet. „Wer weiß, wann ich so etwas Einzigartiges wieder zu sehen bekomme! Ich präge mir jedes Detail ein und mache viele Fotos."

Ich bin so unendlich dankbar für diese Reise und vor allem, dass ich sie genau mit diesen Menschen unternehme, die ich vorher, bis auf Sabine, noch nicht kannte. Uns alle hat es aus den unterschiedlichsten Gründen hierher gezogen. Was wir gemeinsam haben, ist das Interesse und auch die Liebe für dieses schroffe schöne, manchmal unheimliche Land. Wenn ich jemanden zum Reden brauche, ist immer einer da und wenn ich für mich allein sein will, ist das auch jederzeit möglich. So möchte ich am liebsten immer reisen! So ausgelassen und glücklich war ich schon lange nicht mehr. Ich hoffe, dass ich ganz viel von dieser so kraftvollen Energie mit nach Hause nehmen und noch ganz lange davon zehren kann.
Es ist schon spät am Abend, als Björn uns wieder vor unserer Unterkunft in Laugarvatn abliefert. Auf der Rückfahrt haben alle, bis auf den Fahrer natürlich, ein wenig geschlafen und so verging die Zeit irgendwie schneller. Zum perfekten Tagesausklang haben wir isländischen Lachs, der in Kräuterfolie gedünstet wurde, mit Reis und frischem Salat verspeist und sind fast alle noch einmal zu einem nächtlichen Badevergnügen im hauseigenen Hotpot abgetaucht.

*

Heute ist wieder ein ruhiger Tag ohne geplante Aktivitäten, den wir zum Ausruhen, Schreiben, heiß Baden, Spazieren und Reden nutzen. Da nun bereits die zweite Hälfte unserer Reise angebrochen ist, kommt zum Teil ein wenig Wehmut auf und wir beginnen, unsere Adressen auszutauschen.
Am frühen Nachmittag, als ich von einem kleinen Spaziergang zurückkehre, sitzt ein Besucher und Freund von Sabine am Tisch im Gemeinschaftsraum. Er ist groß, blond und schätzungsweise Mitte Vierzig. Sabine stellt ihn mir als Gunnar vor, der das deutsch-isländische Internetforum, in dem wir uns kennengelernt haben, leitet. Ich freue mich darüber und begrüße ihn herzlich. Gunnar unterhält unsere ganze Gruppe mit interessanten Erzählungen und Anekdoten und so sitzen, essen und reden wir bis zum Abend angeregt. Und zwar bis zu dem Zeitpunkt, an dem Marcel in die Runde kommt und sich ungefragt von unseren Speisen und Getränken bedient und versucht, Gunnar zu vergraulen, weil er ja schließlich nicht hierher gehört. Marcel ist der Meinung, wenn hier jemand Hahn im Korb ist, dann ja wohl schließlich er selbst.
Alle Versuche, Marcel zu erklären, dass alle Anwesenden willkommen sind, scheitern. Und ich habe so gar keine Lust dazu, mich weiter mit diesem Kleinkrieg zu befassen. Nach und nach verlassen die Mädels der Reisegruppe den Tisch und zurück bleiben Sabine, Gunnar und Marcel. Offenbar haben die beiden Männer jetzt richtig Spaß an ihren Streitgesprächen gefunden und diskutieren aufgeregt weiter, so dass wir sie selbst oben im Haus in unseren Zimmern bei verschlossener Tür gut hören können.
„Ich glaube, da unten geht es um ganz andere Dinge, als das, was Marcel vorhin vorgegeben hat und es ist ganz gut so, dass wir nicht dazwischen stehen", sagt Andy zu mir.
Ich schaue von meinem Buch auf. „Ja, da hast du bestimmt Recht. Dieser Hahnenkampf zwischen den Männern geht wahrscheinlich schon lange. Die drei dort unten kennen sich schon eine kleine Ewigkeit. Wer weiß, was da Sache ist, aber eigentlich will ich das gar nicht so genau wissen."
„Ist es nicht komisch, dass immer, wenn Marcel auf der Bildfläche erscheint, schlechte Stimmung aufkommt?"

„Morgen ist der letzte Tag, d.h. die letzte Tour, die er mit uns zusammen fährt, dann geht er in seinen wohlverdienten Urlaub. Sabine hat gesagt, dass wir dann einen neuen Fahrer bekommen, der ganz nett sein soll."
Andy seufzt: „Das ist ja beruhigend."

*

Am Morgen des neuen Tages verstaut Marcel mit uns gemeinsam die Rucksäcke und Taschen in den Bulli. Am Ende dieses Tages werden wir unsere letzte Basisstation, den Campingplatz in Reykjavík erreichen.
Er zeigt sich heute noch einmal von seiner guten Seite: „Die Golden-Circle-Tour, die wir heute gemeinsam erleben werden, wird euch bestimmt gut gefallen, denn es ist fast alles dabei, was man an Highlights in Island erleben kann: Geysir, Gullfoss und Pingvelir."
Ich freue mich total darauf und steige neugierig und gespannt ins Auto.
Zuerst halten wir am Hochthermalgebiet der Geysire. Da es eine populäre Touristenattraktion ist, gibt es hier einen großen Parkplatz für Pkws und Busse, ein Hotel, Restaurants und Souvenirshops, so ähnlich wie bei fast allen Naturwundern und Attraktionen auf den verschiedenen Kontinenten der Erde, die die Reisenden sehen wollen.
Wir überqueren die Straße und betreten das dampfende Gebiet. Zuerst lesen wir die wichtigen Daten, auf der am Anfang des Gebietes stehenden Informationstafel. Dann werden wir ganz in den Bann der heißen Quellen und Geysire gezogen. Einige dieser heißen Quellen blubbern nur sanft und sprudeln regelmäßig heißes, dampfendes Wasser in mehr oder weniger kleinen Spritzern hervor. Für Menschen, die einen empfindsamen Geruchsinn haben, ist dieses Gebiet sicher etwas gewöhnungsbedürftig, denn die heißen Quellen haben immer etwas mit Mineralien, insbesondere mit Schwefel zu tun, d.h. es riecht ziemlich heftig nach Ammoniak. Da wir heute besonders früh aufgebrochen sind, haben wir das Glück, dass bisher nur ein Bus mit Touristen vor Ort ist und wir somit einen guten Ausblick auf die heißen Quellen bekommen. Und jetzt stehe ich direkt vor der Hauptattraktion, dem Geysir „Strokkur" und erlebe das erste Mal, wie er seine heißen Wassermassen über zwanzig Meter in die Luft schleudert. Mir stockt fast der Atem und ich stehe wie angewurzelt vor diesem Wunder der Natur.
Sabine hat uns erklärt, dass „Strokkur" auf deutsch „Butterfass" heißt. Noch immer starre ich auf die kleine abgegrenzte Wasserstelle, die sich gerade so eindrucksvoll entladen hat und siehe da, zuerst zieht sich das Wasser trichterförmig ein und dann bildet sich eine immer größer werdende flache Wasserblase, aus der geräuschvoll die nächste Fontäne heißen Wassers gen Himmel strebt. Ich bin überwältigt vor Glück und reiße meine Arme nach oben.
„Strokkur ist zur Zeit einer der aktivsten Geysire in Island und entlädt ca. alle acht bis zehn Minuten explosionsartig diese über 100° C -heißen Wassermassen", weiß Conny zu berichten, die mich schon seit einer Weile beobachtet hat.
„Bitte mach ein Foto von mir und dem Geysir", fordere ich sie auf und reiche ihr meinen Fotoapparat.

„Mit dem größten Vergnügen", sagt sie und verewigt Strokkur und mich zusammen.
Wir halten uns noch eine ganze Weile in diesem fantastischen Gebiet auf und ich kann mich gar nicht satt genug daran sehen, wie Strokkur immer wieder, im wahrsten Sinne des Wortes, in die Luft geht. Ich bin dankbar dafür, dass niemand zum Aufbruch drängt, denn nach und nach kommen wir ganz von allein alle wieder auf dem Parkplatz an, denn wir wollen ja noch viel mehr an diesem herrlichen Tag erleben.

Unser nächster Stopp auf der Golden-Circle-Tour ist der Gullfoss oder Goldene Wasserfall. Kraftvoll ergießen sich riesige Wassermassen über mehrere Ebenen, die wie breite Terrassen wirken. Dieses Wasser ist zwar nicht heiß, aber mindestens genauso herrlich anzusehen, wie ein Geysir, wenn man diese beiden Naturwunder überhaupt miteinander vergleichen kann. Die Menschen, die sich neben dem in die Tiefe stürzenden Wasserfall befinden, sehen im Vergleich dazu nicht größer als Ameisen aus.

Wenn die Sonnenstrahlen in einem bestimmten Winkel über den Gullfoss einfallen, kann man einen herrlichen Regenbogen sehen. Wir betrachten dieses Phänomen leider nur auf einem Foto, das sich im Restaurant am Parkplatz befindet.
Natürlich wäre der Regenbogen das i-Tüpfelchen dieses Erlebnisses gewesen, aber wir sind alle wieder so glücklich und ausgelassen, dass bei keinem das Gefühl aufkommt, dass da noch irgendetwas fehlt. Die Mädels und ich machen eine lustige Fotosession und wir haben so richtig viel Spaß und Freude dabei.
Im Restaurant über der höchsten Terrasse des Gullfoss' nehmen wir eine Kleinigkeit zu uns, erstehen ein paar Souvenirs und schon geht es weiter in Richtung Thingvellir, zu unserem nächsten Stopp.

Island – in meiner Seele

Dieses Mal sind es ein paar Kilometer mehr zu fahren und wir verteilen uns wieder auf zwei Fahrzeuge. Unterwegs kommen wir an bildschönen Islandpferden vorbei, halten an und bestaunen die vor Kraft und Schönheit strotzenden und doch sanften Wesen. Bisher hatte ich noch keine Gelegenheit, auf so einem tollen Tier im sogenannten sechsten Gang, dem Tölt zu reiten. Aber ich bin mir ziemlich sicher, dass ich irgendwann hierher zurückkehre und dann wird auch das Reiten, vielleicht sogar ein typischer Abtrieb der Schafe, von den weiter entfernten Wiesen im Herbst auf dem Programm stehen.

Wir vier Mädels, die im Honda unterwegs sind, haben noch den Auftrag, Forellenfilets und geräucherten Lachs für alle zu besorgen. Sabine kennt einen kleinen Fischladen mit Räucherei am See, der ziemlich abgelegen ist und dort fahren wir jetzt, nicht ganz ohne Hindernisse, denn es stellen sich uns immer wieder größere Gruppen von herumlaufenden Schafen in den Weg, hin. Dort angekommen, erstehen wir recht günstige Forellenfilets zum Braten. Bei dem Lachskauf bin ich etwas ratlos, da hier alles in isländischer Sprache ausgeschildert ist. Es gibt drei Sorten Räucherlachs und ich habe glücklicherweise mein kleines Wörterbuch zur Hand.

1. Sorte: über Birkenholz geräuchert
2. Sorte: über Schafsmist geräuchert
3. Sorte: hierfür finde ich keine eindeutige Übersetzung

Es ist zwar nicht die preiswerteste Variante, aber ich entscheide mich dann doch für Sorte 1. Sabine lacht mich aus. Wahrscheinlich hätte sie sich für Sorte 2 entschieden, weil es so typisch isländisch ist.

Im strömenden Regen erreichen wir den Nationalpark Thingvellir. Unter ihrer regennassen Kapuze hervorlugend, beginnt Sabine ihren Vortrag:
„Thingvellir ist sowohl geografisch als auch historisch von größter Bedeutung. Dieses vulkanisch aktive Gebiet liegt auf dem mittelatlantischen Rücken, auf dem zwei Kontinentalplatten, die amerikanische und die europäische, aufeinandertreffen, sich ständig bewegen und jährlich ca. zwei Zentimeter weit auseinanderdriften.
Hier finden wir außerdem den Lögberg (deutsch: Gesetzesberg), auf dem eine isländische Fahne im Wind weht. Nach der Landnahme traf hier das isländische Parlament Aplpingi (Althing) das erste Mal ca. 930 nach Christi zusammen. Bis in das Jahr 1262 hinein, in dem Island seine Unabhängigkeit an Norwegen verlor, war das Althing die gesetzgebende und Recht sprechende Versammlung des Landes. Aber dieser Ort hat die Menschen auch später noch angezogen, so wurde zum Beispiel am 17. Juni 1944 auf dem Lögberg die isländische Republik ausgerufen. Wir gehen gleich noch ins Informationszentrum. Dort haben wir die Möglichkeit, einen informativen Film über den Nationalpark mit seinem riesigen See Thingvallavatan und die historische Bedeutung des Ortes zu sehen."[24]

Aufgrund der nicht enden wollenden Regenschauer laufen wir mit recht schnellem Schritt durch die Schlucht Almannagjá mit dem herrlichen Wasserfall Öxarárfoss, besuchen die alte Parlamentsstätte Althing, die kleine Kirche Kirkjutún und sehen uns im Anschluss die Multimediashow im Besucherzentrum an.

---

[24] www.thingvellir.is

In der Zwischenzeit haben wir nun auch das typisch isländische Wetter in seinen Variationen kennengelernt, d.h. es wechselt zwischen heftigen und sanfteren Regenfällen. Nach all den schönen Erlebnissen, die wir in unseren Herzen mit uns tragen, bringt uns das kein bisschen aus der Fassung, trotz dass unsere qualitativ gute Regenbekleidung dem kaum Stand halten kann.

Kurz vor Reykjavík biegen wir noch einmal von der Hauptstraße ab, fahren nach Nesjavellir und stehen vor einem der bedeutendsten Geothermalkraftwerke Islands. Wir haben hier die Möglichkeit, die Anlagen zu besichtigen und Informationen über die Nutzung der Thermalkraft in Island zu erhalten. Ich bin erstaunt darüber, was für ein moderner architektonisch ansprechender Bau dieses Kraftwerk ist, das erst im Jahr 1990 eingeweiht wurde. Ein großer Teil, der Anlagen besteht aus Edelstahl, die so intensiv blinken, als wenn sie ständig geputzt werden oder nagelneu sind. Eine freundliche blonde Isländerin führt uns durch das Werk und hält ihren Vortrag über die Nutzung der Erdwärme in englischer Sprache. Nach dem langen interessanten Tag fällt es uns zum Teil etwas schwer, ihren Ausführungen zu folgen. Sie geht unter anderem auf die ständige Bewegung der beiden Kontinentalplatten ein: „Weil unter dem Erdmantel Gesteinsmaterial fließt, driften diese Platten voneinander weg oder aufeinander zu. An den Stellen, wo sie sich voneinander weg bewegen, fließt Magma nach oben und bildet neues Material in der Erdkruste. Dort, wo sich die Platten jedoch aufeinander zu bewegen, verdichten sie sich und es entstehen Faltengebirge. Wenn sich eine Platte unter die andere schiebt, formiert sich an dieser Stelle ein Tiefseegraben."[25]

Kerstin I stellt eine interessante Zwischenfrage: „Der mittelatlantische Rücken, der sich hauptsächlich unter dem Atlantik befindet, verläuft ja quer durch Island. Wo genau kann man den Verlauf der Geothermalgebiete mit ihren vulkanischen Gräben sehen?"

Die Isländerin freut sich über diese Frage und führt uns zu einer Grafik, die den Verlauf der vulkanischen Gräben eindrucksvoll darstellt.

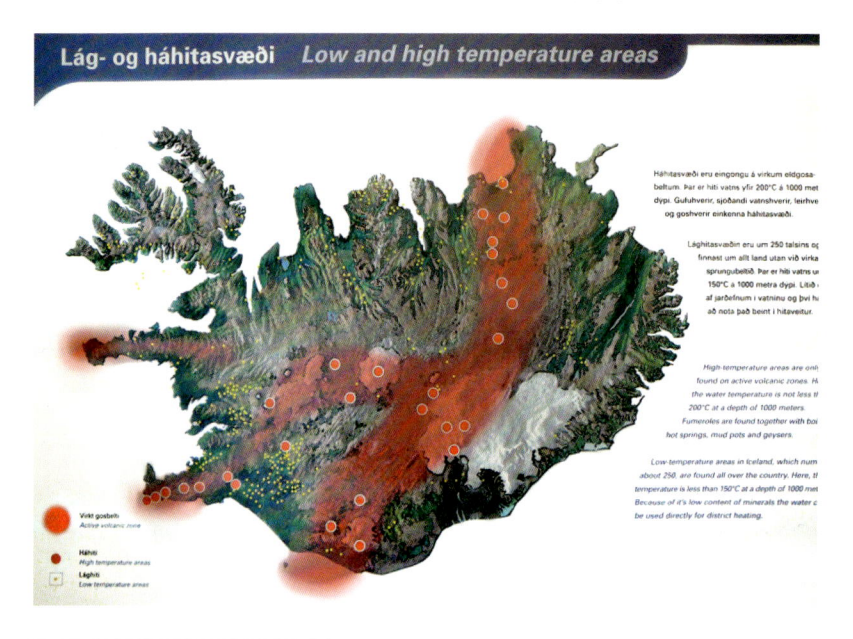

---

[25] www.or.is

Es ist sehr interessant, was wir hier noch alles über die Nutzung der Thermalkraft in Island gesehen und gelernt haben, wie z.B. dass Reykjavík und ein großer Teil der Häuser und Betriebe der Insel auf diese Art beheizt werden. Wie wir ja bereits schon erfahren haben, braucht sich hier keiner um warmes Wasser zu sorgen. Die Thermalgebiete und die Wasserkraft in Island spielen eine große Rolle bei der Energiegewinnung, so dass Island vom Strom- bzw. Energieimport relativ unabhängig ist.

Ich finde es sehr wichtig, auch diese Seite des Landes ein wenig kennengelernt zu haben.

Die Ankunft auf dem Campingplatz in Reykjavík bei Dauerregen ist in doppelter Hinsicht mehr als ernüchternd, denn hier ist nicht nur alles feucht, schmutzig und klamm, sondern wir haben als letzte Station wieder diese „netten" rotbraunen Hütten als Unterkünfte. Hier ist jede Hütte in drei kleine Kabinen unterteilt, in denen man sich kaum bewegen kann.

Andy und ich stellen unsere Rucksäcke rechts und links vor dem Doppelstockbett ab, denn davor bzw. dahinter befindet sich bereits eine Trennwand aus Holz zur nächsten Kabine und ein kleines einfaches Holzregal, in dem man die Waschtasche unterbringen kann. Wir sind sehr frustriert und traurig, nicht nur, weil wir uns von den Naturschönheiten des Landes verabschieden mussten und jetzt nur noch Sightseeing in der City ansteht, sondern auch, weil diese Unterkunft deutlich mehr zu wünschen übrig lässt, als die erste in Vík.

„Komm, wir lassen uns nicht durch diese Örtlichkeiten herunterziehen! Es sind unsere letzten Tage in Island und wir werden einfach nur zum Schlafen hierherkommen", versuche ich Andy und mich selbst ein wenig aufzubauen.

„Du hast ja Recht, auch wenn es unter diesen Bedingungen ganz schön schwer ist, eine optimistische Haltung anzunehmen. Wir sollten jetzt das Beste daraus machen!"

„Sabine hat vorhin im Auto erzählt, dass eine dieser rotbraunen Hütten für uns als Gemeinschafts- und Verpflegungshütte eingerichtet ist. Also lass uns schauen, welche es ist und dann kochen wir uns erst einmal einen Tee zum Wiedererwecken unserer guten Laune!"

Ein mattes „Okay", kommt von Andys Lippen und schon hüpfen wir mit dem Regenschirm über ein paar Pfützen, um zu der nahen Gemeinschaftshütte vorzudringen. Pia, Conny und Sandra sind schon dort und ziehen ähnlich lange Gesichter wie wir, denn auch diese Hütte bzw. ihr Inhalt ist nicht sehr aufbauend. Gemeinsam reinigen wir das schmutzige Geschirr unserer Vorgänger, setzen Wasser für Tee auf und zünden ein paar Kerzen an. „So gefällt mir das schon viel besser", hören wir die verzweifelte Sabine rufen, als sie sich der Hütte nähert.

„Es tut mir echt leid, dass ihr hier so ein Chaos angetroffen habt und ich danke euch dafür, dass ihr euch so engagiert, dass es erträglich für uns ist."

Conny schaut ernst: „Das, was wir hier vorgefunden haben, hat uns echt runtergezogen, aber wir haben ja im Moment keine Alternative, deshalb versuchen wir das Beste für uns alle daraus zu machen."

„Den Fisch, den wir unterwegs gekauft haben, spendiere ich heute als Wiedergutmachung. Wir haben noch genug Zutaten für einen Nudelsalat, d.h. wenn ihr mithelft, können wir bald etwas Leckeres zu uns nehmen."

Das braucht man unseren beiden Starköchen Sandra und Conny nicht zwei Mal zu sagen und schon geht es los. Ich selbst betätige mich gern als Küchenhilfe, schneide Zwiebel usw. oder reiche etwas zu, was gebraucht wird. Die beiden sind so perfekt und vor allem bereiten sie das Essen mit so viel Liebe zu, das ihnen keiner von uns das Wasser reichen kann.

Ungefähr eine Stunde später sitzen wir alle gemeinsam am Tisch bei knusprig gebratenem Fischfilet, Nudelsalat, Tee und Kerzenschein und schon sieht die Welt wieder etwas freundlicher aus.
Im Anschluss an das leckere Abendessen gibt uns Sabine noch einige Tipps für unseren Stadtbummel morgen und übersetzt uns den Namen der Stadt: „Reykjavík ist die rauchende Bucht." Danach gehen wir alle zeitnah schlafen.
Lustigerweise sind hier auf dem Campingplatz an allen rotbraunen Hütten Schilder mit der Aufschrift: „Private Cabines (no toilets)" angebracht, was uns zum Schmunzeln bringt. Auf diese Weise bleiben uns hoffentlich die nächtlichen Störenfriede fern.
„Drück die Daumen, dass morgen wieder die Sonne scheint", flüstert Andy noch kurz bevor sie einschläft.
Ein Teilnehmer der Gruppe, die zuletzt hier war, hat seinen Urlaub verlängert und wird später mit uns gemeinsam nach Deutschland fliegen. Sein Name ist Tobias und er ist nun kurzzeitig der einzige Mann in unserer Gruppe.
Leider haben Andy und ich das zweifelhafte Vergnügen, dass in einer Kabine unserer dreigeteilten Hütte, sowohl der neu angekommene Fahrer Henry als auch Tobias wohnen. Die beiden liefern ein Schnarchkonzert ab, so dass ich die Geräusche selbst mit Oropax nicht überhören kann. Also liege ich noch lange wach und lasse die Ereignisse der letzten Tage in Gedanken Revue passieren.
Kurz bevor ich vom Nebel des Schlafes eingehüllt werde, sehe ich noch einmal ganz deutlich Guðrún mit dem langen roten Haar vor mir. *Sie hält sich im Wasser an einem großen Stück Holz fest und treibt auf den Wellen dahin. Wahrscheinlich ist das Schiff auf einen Felsen gestoßen und verunglückt. Ganz in der Ferne ist ein Ufer zu sehen. Sie ist sehr schwach und ihren Körper fühlt sie kaum noch vor Kälte. - Doch auf einmal wird es ganz hell, ein wohliges helles Leuchten, das sich immer weiter ausbreitet, umhüllt mich und ich spüre, dass ich hier grenzenlos geborgen bin.*
Nach einer Weile öffne ich meine Augen, weil ich mir nicht sicher bin, ob das ein Traum war oder nicht. Um mich herum ist es immer noch relativ dunkel und das Schnarchen meiner Mitbewohner wird wieder deutlicher. Doch dieses wunderbare Leuchten, das ich soeben wahrgenommen habe, spüre ich noch in meinem Herzen und fühle mich, wie in Liebe gebettet. Ich habe das Gefühl, mit diesem Land und seinen Wesen ganz stark verbunden zu sein. Das fühlt sich wunderbar an und ich versuche, erneut mit diesem Leuchten zu verschmelzen.

*

Am Morgen öffnen wir die rotbraune Holztür der fensterlosen Hütte und müssen feststellen, dass es immer noch regnet.
„Da bleibe ich doch gleich im Bett liegen", höre ich Andy knurren.
„Nichts da, wir werden jetzt duschen, frühstücken und dann schauen wir uns Reykjavík an!"
„Wenn ihr den Warmwasserhahn der Duschen aufdreht, müsst ihr wissen, dass hier das Wasser mit einer Temperatur von 85 °C aus der Leitung schießt", ruft uns Kerstin I zu, als sie uns zum Waschraum gehen sieht.
„Danke, du hast uns wahrscheinlich das Leben gerettet", antworte ich und gehe weiter.
Andy schaut mich plötzlich sehr wach an: „Das ist ja unglaublich. Die Eiweißgerinnung setzt bei ca. 42 °C ein. Dann sollten wir besser erst kaltes Wasser aufdrehen und dann ein wenig heißes dazu nehmen." Ich schmunzele und freue mich darüber, dass Andy jetzt auch mental wach geworden ist.

Kurze Zeit später stehen wir in warme, wind- und wetterfeste Sachen gekleidet, mit unserer gerade erstandenen Touristikcard für 2 Tage in den Händen, an der Bushaltestelle, um die City von Reykjavík zu erobern. In zwei Tagen kann man sicherlich nur einen groben Überblick über die Sehenswürdigkeiten und Museen der Stadt bekommen und so lassen wir uns erst einmal durch die Altstadt treiben. Wir bewundern die ältesten, sehr gut erhaltenen Häuser der Stadt. Das Straßenbild ist bunt, sehr gepflegt und die Auslagen der Modegeschäfte zeigen die neueste Mode, wie man sie auch in Paris, London oder Mailand finden kann. Es gibt mehrere Internetcafés und wir sehen sowohl ältere als auch junge Leute, die fast ausschließlich mit Apple-Laptops der jüngsten Generation im World Wide Web surfen.

„Dieses Bunte und Postmoderne, das mir hier in der Haupteinkaufsstraße der City begegnet, passt so gar nicht zu dem Island, das ich bisher kennengelernt habe", höre ich die sonst stille Renate sagen.
Ich bleibe kurz stehen und versuche einen Zusammenhang zu finden.
„Ja, aber es wird sicher sehr viel in diese Stadt investiert, weil hier mehr als ein Drittel der gesamten Bevölkerung Islands lebt. Immer mehr Menschen verlassen ihre alten Höfe und somit das Landleben mit zum Teil schwerer körperlicher Arbeit und streben in die großen Städte. – Das ist sehr schade, weil dadurch immer mehr des typischen und traditionellen Lebens dieser Menschen verlorengeht."
„Das ist leider wirklich so. Dieser Trend ist in vielen anderen Ländern, nicht nur in Island zu beobachten. Diese verlassenen Höfe wirken teilweise gespenstisch. Die Menschen hoffen in der Stadt auf ein besseres, angenehmeres Leben mit einem modernen sicheren Arbeitsplatz."
Nachdenklich gehen wir weiter.

Im Dom zu Reykjavík wird gerade musiziert, wir setzen uns in eine der hinteren Bankreihen und lauschen dem Duo, bestehend aus einer Flötistin und einem Pianisten. Für diesen Ohrenschmaus im Trockenen sind wir sehr sehr dankbar.

Das Rathaus liegt direkt am Tjörnin, dem See mitten in der Stadt, d.h. es ist sogar in das Gewässer integriert. Auf dem Teich schwimmen Hunderte Wasservögel, vor allem Graugänse und geben einen Ohren betäubenden Lärm von sich. Im Eingangsbereich des Rathauses bewundern wir ein riesiges Relief, das ganz Island mit seinen Vulkanen und Gletschern sehr anschaulich und plastisch darstellt.

Island – in meiner Seele

Nun möchten wir auf jeden Fall noch die Halgrimskirkja sehen, die mit zu den bekanntesten Wahrzeichen Reykjavíks zählt. Da das Zentrum der Stadt überschaubar und gut zu Fuß zu erkunden ist, stehen wir kurze Zeit später davor.
Es ist ein sehr beeindruckendes großartiges Bauwerk, das mich sofort an die herrlichen Basaltformationen vom Kap Dyrholaey erinnert. Vor der Kathedrale ist Leif Eriksson, dem ersten Siedler, der aus Norwegen kam und für einen längeren Zeitraum in Island wohnte, ein Denkmal gesetzt worden. Wenn die Berichte der Grönländer Saga stimmen, soll er ein halbes Jahrtausend vor Kolumbus bereits amerikanischen Boden betreten haben.[26]
Im Innenraum der Halgrimskirkja befindet sich eine sehr große Silbermannorgel. Das weckt bei mir sofort den Wunsch auf ein schönes Orgelkonzert. Dieses Vergnügen kommt auch auf die Liste für meine nächste Islandreise!

---

[26] http://www.nationalgeographic.de/entdecker/leif-eriksson

Ein ganz beliebtes isländisches Fotomotiv ist das Denkmal Sólfar (deutsch: Sonnenfahrer) aus Edelstahl im Hafengebiet, das ein Wikingerschiff nachempfindet.

Politisch stand Reykjavík international besonders durch das Gipfeltreffen der beiden Staatsmänner US-Präsident Ronald Reagen und dem sowjetischen Parteichef Michail Gorbatschow 1986 im berühmten Haus Höfði im weltweiten Interesse. Dabei gab es erste Annäherungen der Supermächte im Kalten Krieg. Das Treffen leitete die Verhandlungen über den ersten Abrüstungsvertrag ein. Das Haus Höfði befindet sich ebenfalls in Hafennähe.

Da der Regen leider immer noch nicht nachgelassen hat, steigen wir in den Bus und verbringen die nächsten Stunden in einem großen Einkaufszentrum der Stadt im Trockenen. Irgendwie sehen diese Zentren in jedem Land, das ich in den letzten Jahren besucht habe, sehr ähnlich aus. Man findet überall die gleichen großen Einkaufsketten und spürt auch hier, wie das Traditionelle, Landestypische immer stärker in den Hintergrund gedrängt wird.
Im Moment ist hier ein recht netter geschützter Ort, an dem wir eine bezahlbare Kleinigkeit essen können. So fühlen wir uns wesentlich besser aufgehoben, als in unseren rotbraunen feuchtkalten Hütten.

Der nächste Tag beginnt ähnlich, denn es regnet immer noch ein wenig.
Ich kann Andy, Sandra und Conny dazu überreden, mit mir zusammen die Háteigskirkja zu besuchen und wir haben schon wieder ganz großes Glück, weil der Organist der Kirche gerade für eine Vorstellung übt. Dadurch kommen wir in den Genuss eines kleinen Extrakonzerts. – Vielen Dank dafür!

Als wir aus der Kirche heraustreten, können wir es kaum fassen, es ist trocken. Endlich kein Regen mehr!
Nun trennten sich unsere Wege, denn Conny und Sandra wollen shoppen gehen, während Andy und ich das Museumsdorf Árbeirsafn besuchen.
Im Museumsdorf Árbeirsafn, was übrigens sehr sehenswert ist, haben wir noch einmal viel erfahren; z.B. über die isländische Geschichte, Lebensweise, alte Handwerke, die Art zu bauen und vieles mehr. Es ist ein ganz besonderes Freilichtmuseum am Stadtrand von Reykjavík, das auf dem Areal eines alten Bauernhofes entstanden ist. Aus verschiedenen Teilen Islands wurden historische Gebäude mühevoll abgebaut, transportiert und hier in Árbeirsafn liebevoll wieder aufgebaut. An manchen Sonn- und Feiertagen lebt dieser Ort richtig in alter Tradition auf und die Besucher können sich mit den ursprünglichen Traditionen, Handwerken, die dann gezeigt und gelebt werden, den isländischen Sitten und Gebräuchen aus der Geschichte vertraut machen, als wären sie selbst ein Teil davon.

Nach diesem informativen interessanten Museumstag statten wir dem naheliegenden Schwimmbad einen Besuch ab, um uns wieder aufzuwärmen. Dort gibt es eine große Auswahl der verschiedensten Hotpots und Whirlpools. Daran könnte ich mich so richtig gewöhnen. In der Zwischenzeit stört mich auch der Schwefelgeruch nicht mehr, denn die Haut fühlt sich weich und geschmeidig an, wenn man sie eine Weile diesem Wasser ausgesetzt hat.

Am Abend verkündet Sabine, dass wir morgen die Möglichkeit haben, wenn das Wetter mitspielt, eine Ganztagstour auf die Halbinsel Snæfellsnes, zu unternehmen.
„Ich hoffe und bete, dass es trocken ist, denn es wäre zu schön, wenn wir nun doch noch etwas von diesem herrlichen Land und zwar dieses Mal an der Westküste sehen können."
„Man sagt, dass Snæfellsnes alle Landschaftsformen aufweist, die man auf Island finden kann, also wie Island im Ganzen auf kleinerem Raum."
Alle sind begeistert, obwohl Henry noch einmal vor sich hinknurrt: „Freut euch noch nicht zu sehr, denn ich fahre wirklich nur, wenn es nicht regnet. Das macht sonst keinen Sinn."
Kerstin I fragt in die Runde: „Hat jemand von euch Lust auf einen herrlichen Sonnenuntergang am Meer?"
„Was für eine Frage! – Ich bin auf jeden Fall dabei", freue ich mich und schon traben die beiden Kerstins, Tobias und ich in Richtung Meer.

Gemeinsam schauen wir in das Abendrot und sind sprachlos von diesem herrlichen Spiel der Farben. „So etwas Einzigartiges bekomme ich zu Hause nicht zu sehen, deshalb werde ich es jetzt noch so lange genießen, wie es möglich ist!"

Island – in meiner Seele

Die vergangene Nacht war sehr kühl. Die Temperaturen sind bis auf 4° C gefallen und zwei von den Mädels haben etwas gefroren. Nach einer heißen Dusche und dem Frühstück ist alles wieder in Ordnung. Petrus ist uns an diesem Tag freundlich gesinnt; er lässt die Sonne über Süd- und Westisland scheinen, so dass wir glücklich und zufrieden mit Henry durchstarten können.

Nachdem uns Henry erst ein wenig abweisend und knurrig erschien, entpuppt er sich jetzt als großartiger Schwärmer und Liebhaber für die isländische Natur.
Kurz nachdem wir durch den 5,7 km langen Tunnel Hvalfjardargöng, der unter dem Fjord entlang gebaut wurde und unseren Weg um ca. 60 km verkürzt, gefahren sind, werden wir mit Ausblicken auf eine traumhaft schöne Natur verwöhnt und ich kann Henrys Schwärmen vollkommen verstehen.

Island – in meiner Seele

Vorbei an riesigen Felder, auf denen sich unendlich viele große und kleine Wollgrasbüschel vom Wind sanft streicheln lassen und das Sonnenlicht reflektieren, als ob kleine Schneeflocken auf dem Grün tanzen, fahren wir immer weiter.

Dazwischen versuchen kräftig gelbe Sumpfdotterblumen zu ihrem Recht zu kommen, aber mit dem weiß-silbrigen Glanz des Wollgrases können sie nicht mithalten.

Ganz in der Ferne, noch ein wenig im Nebel, ist bereits der Vulkan mit der weißen Gletscherhaube Snæfellsjökull zu sehen.

Neben der Straße begleitet uns für kurze Zeit ein kleiner Wasserlauf, an dem am Haus Lundur Lachsangler ihr Glück versuchen.

Wir machen kurz Rast, um uns zu stärken.
Henry reagiert auf fast jede Bitte von uns und versucht, uns diesen letzten Ausflug während unserer Islandreise zu einem schönen, unvergessenen Erlebnis zu machen. Beim nächsten Stopp, am Gerðuberg sehen wir eine Art Mauer, die aus ganz vielen, ähnlich großen Basaltsäulen besteht. Am Ende der Mauer finden wir ein paar verlassene Höfe und eine kleine Kirche, die verschlossen ist und schon lange nicht mehr genutzt wurde.

Island – in meiner Seele

Danach überqueren wir die Halbinsel von der südlichen auf die nördliche Seite und steuern den malerischen Ort Stykkisholmur an. Für mich ist das wieder ein Ort der krassen Gegensätze, die ich schon so oft bei meiner Reise durch Island gefunden habe. Auf einer Anhöhe erhebt sich eine weiße Kirche von moderner ausgefallener Architektur über dem Ort, die erst 1990 eingeweiht wurde.

Und wenn man sich unten im Ort und am Hafen umsieht, kann man wiederum alte historische Gebäude und einen markanten Leuchtturm auf der Anhöhe „Súgandisey", die aus vielen Basaltsäulen besteht, bewundern. Steigt man den Hügel zum Leuchtturm hinauf, hat man einen herrlichen Ausblick auf das Meer, den Fjord und den Ort mit seiner malerischen Umgebung.

Vom Leuchtturm aus, sieht man außerdem viele kleine Inseln und Felsen, die aus dem Meer ragen. Die Seeleute, die diesen Hafen anlaufen, müssen die Gegend und das Wetter gut kennen, wenn sie ihr Schiff sicher in den Hafen bringen wollen!
Von Stykkisholmur gibt es eine Fährverbindung zur Sagen umwobenen Insel Flatey. Die Isländer sind großartige Geschichten- und Romanschreiber. In der Dunkelheit des Winterhalbjahres und in der Abgelegenheit mancher Orte sind schon sehr oft geniale Kriminal- und andere Romane entstanden, die nicht selten ein Hauch vom Mysteriösen umgibt. Ich habe in den letzten Tagen den Roman „Das Rätsel von Flatey" gelesen und war ganz in der Spannung dieser skurrilen Geschichte gefangen. Es hat ein ganz eigenes Flair, wenn man den Orten, die man aus solch einer Geschichte kennt, so nahe ist, besonders, wenn der Inhalt des Buches so makaber ist, wie in diesem Fall. Das historische Flateyjarbok, um das es unter anderem in diesem Roman geht, wird im Schriftenmuseum in Reykjavík aufbewahrt. Ich freue mich schon darauf, dieses wundervolle Dokument in der nächsten Zeit dort zu bewundern.

Nun ist es Mittagszeit. Sabine, Conny und Sandra haben ein rustikales Picknick mit Hotdogs und Kartoffelsalat für uns vorbereitet, das wir hier an unserer nächsten Station, dem Helgafell zu uns nehmen. Wieder befinden wir uns auf geschichtsträchtigem Boden und Kerstin II liest uns die Infos von der Anzeigetafel vor: „Helgafell wird im Landnahmebuch erwähnt. Zu heidnischer Zeit galt der Berg als heilig und man glaubte, nach dem Tod in den Berg hinein zu verschwinden. Ein Kloster des Augustinerordens stand hier von 1184 bis zur Reformation im Jahre 1550, davor war es auf der Insel Flatey. Das Kloster war ein weitbekanntes Zentrum der Gelehrsamkeit und einige Pergamenthandschriften, die hier entstanden, sind heute noch erhalten. Die heutige Kirche wurde 1903 gebaut."

Island – in meiner Seele

Sabine ergänzt: „Ja, Gudrun, deine Namensvetter sind überall in Island vertreten, denn den Auftrag zum Bau des Klosters gab Guðrún Ósvífursdóttir, die Hauptperson der Laxdæla Saga (erste komplexe Familiensaga der Region), die hier ganz in der Nähe ihre letzte Ruhe gefunden hat. Der Sage nach hat man drei Wünsche frei, wenn man den Berg vom Grab der Guðrún aus zum ersten Mal besteigt."

Mit großen Augen starre ich Sabine sprachlos an. Etwas in mir arbeitet ganz intensiv und ich spüre wieder sehr deutlich, wie wichtig diese Reise für mich ist. – Leider haben wir heute keine Zeit für eine Erstbesteigung des Helgafells.

Ein kleiner struppiger Pudel kommt auf uns zugelaufen und bettelt nach einem essbaren Happen. Nachdem er mehrere Wurststückchen ergattert hat, trollt er sich zufrieden wieder von dannen. Die kurze Erzählung von Sabine wirkt noch in mir nach und berührt mich sehr, aber schon im nächsten Moment geht unsere Reise weiter und ich lenke meine volle Aufmerksamkeit auf die Gegenwart.

Ein Stückchen weiter auf unserem Weg finden wir am Straßenrand tausende von Muscheln, wovon die meisten kaputt sind. Sabine weiß zu berichten, warum das so ist: „Die Muscheln werden hier absichtlich zerstampft. Es gibt so viele davon, dass sie ganz in der Nähe als Zement verarbeitet werden."

„Du hast dich wirklich mit vielen Details beschäftigt. Das weiß bestimmt nicht jeder", sagt Henry und legt ihr anerkennend die Hand auf die Schulter.

Dankbar schaut sie zurück.

Glücklicherweise finden wir noch ein paar unversehrte Exemplare dieser Muscheln, denn sie sind groß und schön und eignen sich wunderbar als Souvenir für zu Hause.

Und schon fahren wir über eine nicht enden wollende Brücke und erfahren von Henry, dass sich zu unserer rechten Seite der Usthvelafjordur und zu unserer linken der Kolgrafaffödur befindet.

Wir können gar nicht genug darüber staunen und dankbar sein, wie fantastisch es ist, dass die Sonne die Landschaft und das Wasser in ihren schönsten Farben erscheinen lässt. Auf den Wiesen stehen die herrlichsten Islandpferde und wir sehen immer wieder kleinere Wasserfälle, die unseren Weg bis zur Küste begleiten.

Dann geht es ein Stück an der traumhaften, in goldsilbernes Sonnenlicht getauchten Küste entlang bis zu dem kleinen Ort Olafsvík. Dort soll es eine verhältnismäßig sanft ansteigende Schotterstraße geben, die bis zum Gletscher Snæfellsjökull, der auf deutsch übersetzt Schneeberggletscher heißt, führt. Wir sind Henry und unserem Fahrzeug sehr dankbar dafür, dass wir gut und sicher auf diesem fantastischen Gletscher angekommen sind, denn ganz so sanft war der Anstieg auch wieder nicht.

Und jetzt ist erst einmal, total ausgelassen, eine herrliche Schneeballschlacht angesagt.

Auf dem Snæfellsjökull kann man sich einen Motor angetriebenen Schlitten ausleihen, um über den Gletscher zu sausen. Dafür fehlt es uns zum einen an der Zeit und zum anderen sind wir eher die ruhigen umweltbewussten Besucher, die am liebsten einfach nur die Natur auf sich wirken lassen und genießen.
Auf anderen Gletschern in Island werden geführte Touren mit Schlittenhunden angeboten. Das ist eine gute Alternative und man ist unabhängig von Kraftstoffen.
Sabine berichtet uns: „Der Vulkan, der sich unter dem Snæfellsjökull befindet, ist nach alten Aufzeichnungen das letzte Mal vor mehr als 1800 Jahren ausgebrochen. Und trotzdem zählt er nach wie vor zu den aktiven Vulkanen."
Wir befinden uns auf dem Gletscher in einer Höhe von immerhin 1446 Metern. Durch den allmählich zunehmenden Wind, wird es uns nach kurzer Zeit ziemlich kalt und wir beschließen, den Rückweg anzutreten. Deshalb geht es nun langsam auf der anderen Seite des Gletschers wieder abwärts. Selbstverständlich gibt es dabei sehr interessante Zwischenstopps. So halten wir zum Beispiel schon nach wenigen Metern bei Sönghellir, der Höhle zum Singen, am Stapafell.

Zusammen mit der stillen Kerstin stehe ich in der Sönghellir und bekomme einen Schauer bei dem Klang, den wir hier wahrnehmen. Ich versuche das eigenartige Gefühl zu verdrängen und sage ganz sachlich: „Das können ja nur vom Wind erzeugte Geräusche sein, aber ein wenig schaurig klingt es schon."
Kerstin lächelt in sich hinein: „Der Klang soll vom eigenen Echo kommen oder vom Riesen Bárður, der der Sage nach hier gelebt und gesungen hat."
Etwas ungläubig schaue ich sie an, da mir gerade ein ganz anderer Gedanke in den Sinn kommt. Dieser Höhleneingang erinnert mich noch an etwas ganz anderes und so frage ich Kerstin, die sehr belesen ist: „Sag mal, war es nicht genau dieser Gletscher, den Jules Vernes mit seiner „Reise zum Mittelpunkt der Erde" beschrieben hat?"
Kerstin lächelt und antwortet: „Das ist vollkommen richtig." Und sie spricht mit Jules Vernes Worten, die sie auswendig kennt: „Steig hinab in den Krater des Sneffels Yocul, den der Schatten des Scartaris in den Kalenden des Juli berührt, und du wirst zum Mittelpunkt der Erde gelangen ..."[27]

Ihre Worte und vor allem, wie sie sie interpretiert, jagen mir den nächsten Schauer über den Rücken und ich bin schwer beeindruckt. „Es sieht ganz danach aus, als wenn es schon seit vielen Jahren immer wieder Menschen gegeben hat, die von dieser fantastischen Natur inspiriert worden sind."
Gemeinsam gehen wir zum Kleinbus und fahren bis auf Meeresspiegelhöhe hinunter. Dort sehen wir ein Schild, das in Richtung Dúpalón zeigt. Etwa auf dieser Höhe fahren wir auf einen Parkplatz in Meeresnähe und durchqueren dann zu Fuß ein Lavagebiet, das kurze Zeit später die Sicht auf Teile eines Schiffswracks freigibt. Die verrosteten Metallteile, die verstreut herumliegen, stammen von dem Trawler Epine, der hier im Jahr 1948 gestrandet ist. Rettungskräfte der umliegenden Orte, wie Arnastapi, Hellissandur und Hellnar konnten fünf der neunzehn Schiffsinsassen

---

[27] Jules Verne „Die Reise zum Mittelpunkt der Erde"

Island – in meiner Seele

retten. Die Rettungsarbeiten wurden durch die ansteigende Flut und eine starke Brandung sehr erschwert. Zur Erinnerung an diese dramatische Rettungsaktion ist dieses Areal so erhalten worden.

Nur wenige Meter weiter am Djúpalónsandur liegt ein traumhafter Strand mit einer Fülle von glatten schwarzen Streichelsteinen vor uns. Wir setzen uns auf die Steine und genießen das Strahlen der Sonne und deren Reflektion auf den Wellen. Die starke Brandung bietet ein einzigartiges Schauspiel. Die Wellen brechen sich immer wieder aufschäumend an den vorgelagerten Felsen, die majestätisch im Wasser thronen. Hier könnte der Spruch, dass jemand wie ein Fels in der Brandung steht, herstammen.

Wenn es möglich wäre, würde ich noch ganz lange und immer wieder hier sitzen. Es ist sagenhaft schön und ich spüre wieder meine tiefe Verbundenheit mit diesem Land. Es ist, als wenn sich mein Herzschlag mit dem dieses Landes verbindet. Wahrscheinlich ist es wirklich so, dass der Herzschlag der Erde dort am stärksten zu spüren ist, wo die Erdkruste am dünnsten ist, dort wo Vulkane das Herz der Erde überlaufen lassen. Ich sitze hier, nehme wieder ganz deutlich mein inneres Leuchten wahr und weiß genau, dass ich jederzeit, wenn ich an diese Bilder, die sich in mein Herz gebrannt haben, denke, dieses Leuchten aufleben lassen kann.

„Kommt bitte, es ist nicht weit bis Hellnar und dort gibt es direkt über den Felsenklippen das kleine rustikale Kaffihús Fjöruhúsið, wo wir uns ein wenig für den weiteren Rückweg stärken können", ruft uns Sabine zu und schon geht es wieder weiter.

Nach der kleinen Stärkung beginnen wir die Gegend zu erkunden und sind begeistert von den bizarren Gebilden aus Stein, die sich an den Klippen zeigen und wie Kunstwerke aussehen. Glücklich schauen wir auf eine Vielzahl von Seevögeln, die hier nisten. „Das ist einer der Augenblicke und Tage, an dem ich am liebsten die Zeit anhalten möchte!"
„Wer von Euch Lust und vor allem noch die Kraft dazu hat, über die Klippen bis zum nächsten Ort Arnarstapi zu laufen, der sollte jetzt losgehen. Ich fahre mit dem Bus bis zum Anleger im Hafen. Dort treffen wir uns dann."
Begeistert schaue ich die anderen Mädels an, aber die ruhige Kerstin ist die einzige, die meinen Enthusiasmus teilen kann und so wandern wir freudig zu zweit los.
„Also dann, bis nachher", rufen wir Henry und Sabine zu und sind schon fast außer Sichtweite.
Es macht uns viel Freude, über die Klippen zu laufen. Leider werden wir wieder ein wenig von den Seeschwalben attackiert, die ihre Nester gegen uns verteidigen wollen, aber wir sind gut geschützt und kommen nur kurze Zeit in ihre Nähe. Die Sonne steht schon ziemlich tief und färbt die ohnehin schon fantastische Landschaft, in ein wunderschönes Abendlicht.
„Diese kleine Wanderung tut richtig gut. Wenn ich daran denke, dass wir morgen Nacht wieder nach Deutschland fliegen, möchte ich jede noch verbleibende Minute auskosten", rufe ich Kerstin zu.
„Ja, das sehe ich auch so, aber ich glaube, jetzt sollten wir uns doch etwas sputen, damit die Anderen nicht so lange auf uns warten müssen."

Island – in meiner Seele

Nach einer Weile kommen wir im kleinen Naturhafen von Arnarstapi an, wo uns die Anderen tatsächlich schon seit ein paar Minuten erwarten.

Neben diesem einzigartigen Hafen und ein paar Fischerhäusern hat der Ort noch einen Riesentroll von etwa vier Metern Höhe zu bieten. Dort eilen wir jetzt hin und besichtigen die imposante Skulptur des Bárður.
Henry baut sich neben dem Troll auf und berichtet:

„Also Bárður Snæfellsás ist eine Sagenfigur aus dem Westen Islands. Diese Skulptur, vor der wir jetzt stehen, wurde von Ragnar Kjartansson entworfen und wenn ihr wollt, erzähle ich euch die Saga, die von Bárður handelt."

„Ja, bitte erzähle, wir sind schon ganz gespannt", ruft Sabine ihm zu.

„Es wird erzählt, dass Bárðurs große und mächtige Statur daher kommt, weil in seinen Adern zu einer Hälfte Trollblut und zur anderen Hälfte das Blut eines Riesen fließt. Er wurde in Norwegen geboren und ist als einer der ersten Siedler nach Island ausgewandert. Dort fühlte er sich magisch von dem herrlichen Berg Snæfellsjökull, der damals noch Snjófell hieß, angezogen und nahm sich vor, dort zu siedeln. In der Nähe des Gletschers, in der Gemeinde Hellnar, baute er seinen Hof Laugabrekka. Während dieser Zeit wohnte er in der Höhle Sönghellir, in der er leidenschaftlich gern gesungen hat.

Eines Tages hatten seine Neffen, die Söhne seines Halbbruders, den Auftrag, auf seine kleine Tochter aufzupassen. Da die beiden ihre Aufgabe nicht erfüllt hatten und das kleine Mädchen einsam auf einer Eisscholle nach Grönland trieb, hat Bárður die Jungen getötet. Diese Ereignisse betrübten ihn dermaßen, dass er beschloss, nicht weiter unter den Menschen zu leben. Seitdem ist er mit seinen Schätzen, die sich im Laufe der Jahre angesammelt hatten, im Snæfellsjökull verschwunden. Er gilt noch heute als Schutzpatron der Menschen, die hier leben."[28]

---

[28] http://de.wikipedia.org/wiki/B%C3%A1r%C3%B0ur_Sn%C3%A6fells%C3%A1s und http://islaendisch.blog.de/2008/06/14/die-saga-von-baaacute-raeth-ur-snaaelig--4316538/ von von helgividar @ 2008-06-14

Als letzten Halt auf unserer heutigen Tour steuern wir den kleinen Ort Búðir an. Dort beeindruckt uns eine schwarze Kirche namens Kirkjuholl, die ein wunderschönes Fotomotiv im Abendrot darstellt.

Neben Kirkjuholl befindet sich ein Friedhof auf den Felsenklippen direkt über dem heftig aufschäumenden Meer.
In der Zwischenzeit ist es nach 22 Uhr und wir haben noch eine Strecke von ca. 200 Kilometern bis zum Camping in Reykjavík Sundlaugarvegur zu fahren, deshalb gibt es jetzt kein Herauszögern mehr und wir starten durch.
Kurze Zeit später, als wir in Richtung Reykjavík fahren, geht gerade der Mond über einer kleinen Bergkette auf, so dass wir doch noch ein Abschlussfoto von diesem herrlichen Tag, der nicht besser hätte sein können, machen.

Der neue Tag, unser vorerst letzter auf dieser ereignisreichen Reise, ist bereits angebrochen und wir fallen total müde, aber überglücklich gegen ein Uhr in unsere Betten. Es ist kaum zu beschreiben, wie dankbar ich dafür bin, dass wir diesen wunderbaren Tag als Abschluss unserer Islandreise erleben durften.

*

Weil wir heute erst am späten Abend nach Deutschland zurückfliegen, steht der letzte Tag zu unserer freien Verfügung, d.h. es gibt bis zur Abfahrt kein offizielles Programm.
Die vergangene Nacht war sternenklar und wieder sehr kühl. Dafür begrüßt uns am Morgen ein wolkenloser Himmel mit goldenem Sonnenschein.
Gemeinsam fahren wir alle noch einmal in die City, um ein paar Kleinigkeiten zu erledigen und die letzten Kronen in Mitbringsel und Erinnerungen zu investieren.

Bevor ich hierher geflogen bin, war ich mir nicht darüber bewusst, dass die Isländer ein Volk von Kaffeetrinkern sind. Im Norden lebende Menschen habe ich bisher immer mit Teetrinkern in Zusammenhang gebracht. So kann man sich täuschen. Die Isländer haben hervorragende Kaffeeröstereien, in denen spezielle, sehr leckere Kaffeespezialitäten kreiert werden. Conny, Sandra und ich, selbst leidenschaftliche Kaffee- und Cappuccinotrinkerinnen, genehmigen uns ein letztes aromatisches Kaffeegetränk im großen Kaffeehaus in der Hauptgeschäftsstraße. Selbstverständlich nehmen wir auch ein paar von den lecker gerösteten Bohnen mit, damit wir zu Hause noch eine Weile davon zehren können.
Nachdem alle Wege in der City erledigt sind, kaufen wir eine große Portion Hummerkrabben für uns alle. Sandra und Conny verwandeln die feinen Meeresfrüchte in der Gemeinschaftshütte in ein super leckeres Mahl, das wir mit Reis und Salat zusammen genießen.
Nach dem Essen wird gespült und aufgeräumt, ein wenig in der Sonne relaxt, um noch etwas über die schönen Erlebnisse der vergangenen Tage nachzusinnen.
Am späten Nachmittag laden wir das Gepäck in den Kleinbus und Henry fährt uns in Richtung Keflavík.
Bevor wir endgültig am Flughafen auf der Reykjanes-Halbinsel ankommen, führt unser Weg noch in die Nähe des kleinen Ortes Grindavík, zu einem isländischen Touristenmagneten, der „Blauen Lagune". Nur wenige Besucher wissen, dass dieser heiße, sehr spezielle See ursprünglich durch das abfließende Wasser des Geothermalkraftwerkes Svartsengi entstanden ist. Dort pumpt man Meerwasser ca. zwei Kilometer tief in die Erde hinein und dieses kommt anschließend mit großem Druck und einer Temperatur von über 200° C als Mischwasser wieder an die Erdoberfläche zurück. Auf diese Weise wird Strom erzeugt und das restliche Wasser ist nach und nach in das angrenzende Lavafeld geflossen und hat im Laufe der Zeit diese attraktive Lagune gebildet. Das Thermalbad enthält stark mineralhaltiges Mischwasser (Meer- und Süßwasser) und weist eine Temperatur von bis zu 42° C auf. Das aus der Tiefe hervorkommende Thermalwasser ist reich an Mineralsalzen, Kieselerde und Algen. Die Kieselerde im Zusammenhang mit der Reflektion der Sonnenstrahlen bildet die Grundlage für die blaue und teilweise grüne Färbung des Wassers.[29] Auf einigen Flyern wird unter anderem damit geworben, dass dieses Wasser sehr gesundheitsfördernd ist und Symptome von Hauterkrankungen lindern

---

[29] http://www.blaue-lagune-island.de/blauelagune/entstehung.php

kann. Das Thermalbad ist optisch sehr ansprechend in das Lavagestein integriert, ganz modern und chic ausgestattet und wird von vielen Reisenden als Ort der Entspannung, Wellness Oase oder hin und wieder sogar zu Geschäftsbesprechungen, hauptsächlich auf dem Weg vom oder zum Flughafen Keflavík genutzt. Da es ein ganz besonderer Ort ist, findet man ihn auf vielen Prospekten und in jedem Reiseführer.

Durch seine große Popularität wird das Thermalbad jährlich von mehr als 100.000 Besuchern frequentiert, denn fast jeder Islandreisende möchte einmal diesen beinahe magisch wirkenden Ort besuchen. Am liebsten wollen viele Touristen ein wenig von dem gesunden Wasser bzw. dem Flair von natürlicher Heilung mit nach Hause nehmen. Selbstverständlich ist auch dafür gesorgt. Es wurden hochwertige Pflegeprodukte entwickelt, die man käuflich erwerben kann. Sowohl der Eintrittspreis, als auch die Preise für die Pflegeserie sind sehr gehoben.

Wir halten uns eine Weile im warmen, milchig-trüben Wasser auf, das heute eher grün als blau wirkt und entspannen dabei sehr gut. In die Badelandschaft sind eine Lavahöhle, eine Sauna, Dampfbäder, ein kleiner Wasserfall und mitten drin ein heißer Sprudel integriert. Aus mehreren Bottichen kann man sich eine weiße mineralhaltige Masse auf die Haut auftragen, was von vielen Besuchern genutzt wird. „Dieser Hautüberzug sollte nicht länger als 15 Minuten einziehen, sieht gespenstisch aus, ist aber sehr gesund", ruft mir Pia entgegen.

„Bloß gut, dass du mit mir gesprochen hast, mit dieser weißen Maskerade hätte ich dich sonst nicht erkannt!" Ich kann mich vor Lachen kaum halten, als mir dieses weiße Etwas fuchtelnd entgegenkommt.

Die „Blaue Lagune" ist sehr beliebt und weit über die isländischen Ländergrenzen bekannt, denn sie wurde schon mehrfach als Kulisse für Filme und Dokumentationen genutzt. Es gefällt mir zwar sehr gut in der Lagune und ich bin froh, dass ich diesen einzigartigen Ort erlebt habe, aber bei meiner nächsten Reise werde ich wieder die kleinen individuellen Bäder und Hotpots des Landes besuchen.

Island – in meiner Seele

Ein rot-golden glühender Sonnenuntergang begleitet uns jetzt bis zum Flughafengebäude und macht mir den Abschied unendlich schwer. Ich schaue mich um und kann die Tränen nur schwer zurückhalten.
Nach dem Einchecken verabschiedet sich Renate von der Gruppe, weil sie von einem anderen Gate aus startet und wieder nach München fliegt und nicht wie wir nach Düsseldorf.
Kurz nach Mitternacht hebt unser Flugzeug ab und ich verlasse mit schwerem, aber dankbaren Herzen Island und ich weiß, dass ich auf jeden Fall zurückkehren werde.

Auf dem Rückflug sitze ich neben Sandra und schaue aus dem Fenster. Da mir der Abschied sehr nahe geht, bin ich eher wortkarg. Um mich herum ist es ebenso ruhig, was kein Wunder ist, denn die meisten Reisenden sind kurz nach Mitternacht einfach müde und versuchen, ein wenig zu Schlafen oder sehen wie ich die Bilder ihrer Reise vor ihrem inneren Auge.
Sehr früh am Morgen landen wir in Düsseldorf. Nachdem alle Mädels ihr Gepäck vom Fließband genommen haben, fallen wir uns zum Abschied noch einmal in die Arme. Dann geht jede von uns in ihre eigene Richtung. - Vielleicht sieht man sich irgendwann einmal wieder.

Nur kurze Zeit später sitze ich schon im Zug. Ich freue mich sehr auf meine Familie und meine Freunde. Ich bin glücklich und dankbar dafür, dass ich diese Reise erlebt habe und dass ich so viel lernen und entdecken konnte. Ich bin mir sicher, dass sich durch diese Erfahrungen einiges in meinem Leben ändern wird. Viele Dinge und Ereignisse kann ich nun aus einer ganz anderen Perspektive betrachten und ganz anders verstehen. Das Wichtigste, was ich schon lange gespürt, aber jetzt auch direkt erfahren habe, ist: „Wenn du dich von deinem Herzen führen lässt, kommst du ans Ziel, dann verstehst du deinen Lebensplan!"

Rezept
für isländisches Roggenbrot

Das süßlich schmeckende schokoladenbraune Roggenbrot wird oft mit Hering, Lachs oder auch mit gekochtem Schellfisch verzehrt, schmeckt aber auch mit allerlei anderen Beilagen oder einfach nur leicht mit Butter bestrichen.

Nach dem Vulkanausbruch im Jahre 1973 nutzten viele Einwohner von Heimaey die heiße Lava-Asche, um auf dem Eldfell solch ein leckeres Brot zu backen.
Man benutzt dafür gern große Keksblechdosen.

Zutaten:

300 g Vollkornmehl
250 g Roggenmehl
150 g Weizenmehl
3 Teelöffel Backsoda (Natron)
3 Teelöffel Salz
6 dl Sauermilch
2 ½ dl Sirup

Man vermischt die verschiedenen Mehlsorten miteinander und fügt dann Natron und Salz hinzu.
Nun werden die Sauermilch und der Sirup verrührt und anschließend unter den Mehlmix gegeben.
Das Ganze wird entweder in eine Backform oder eben, wie die Isländer es gern tun, in eine große eingefettete Blechdose, gefüllt.

In der Vulkanasche wird es bei 100 – 110 °C 12 Stunden lang gebacken.

Wenn die heiße Asche oder ein ganz normaler Backofen eine Temperatur von 180 – 200 °C erzeugt, ist das Brot in 2 ½ bis 3 Stunden fertig.

Guten Appetit!